U0083230

中國學術思想研究輯刊

十九編

林慶彰　主編

第23冊

禪宗非言語行爲之語言研究（下）

康　莊　著

花木蘭文化出版社

國家圖書館出版品預行編目資料

禪宗非言語行為之語言研究（下）／康莊 著 -- 初版 -- 新北市：
花木蘭文化出版社，2014〔民 103〕
目 4+170 面：19×26 公分
（中國學術思想研究輯刊 十九編：第 23 冊）
ISBN 978-986-322-942-1（精裝）
1.禪宗　2.佛教哲學
030.8　　　　　　　　　　　　　　　　　　103014785

ISBN-978-986-322-942-1

9 789863 229421

中國學術思想研究輯刊
十九編　第二三冊　　　　　ISBN：978-986-322-942-1

禪宗非言語行爲之語言研究（下）

作　　　者　康　莊
主　　　編　林慶彰
總 編 輯　杜潔祥
副總編輯　楊嘉樂
編　　　輯　許郁翎
出　　　版　花木蘭文化出版社
社　　　長　高小娟
聯絡地址　235 新北市中和區中安街七二號十三樓
　　　　　　電話：02-2923-1455／傳眞：02-2923-1452
網　　　址　http://www.huamulan.tw 信箱 hml 810518@gmail.com
印　　　刷　普羅文化出版廣告事業
封面設計　劉開工作室
初　　　版　2014 年 9 月
定　　　價　十九編 25 冊（精裝）新台幣 42,000 元

禪宗非言語行爲之語言研究(下)

康　莊　著

目

次

第五章 禪宗圖示語言

禪宗機鋒應對之間，有畫圖示機之舉。其中最常施爲、意蘊最豐富的莫過於「圓相」。

第一節 圓相始末

禪宗追求的第一義諦，可名之爲「心」、「佛性」或者「眞如」。達摩西來，依據的四卷本《楞伽經》中得證第一義諦的手段強調「宗通」，也就是遠離文字、言說，達到對第一義諦的自證自覺。雖然與「宗通」相對應的「說通」，即通過文字、言說教人度脫，並未被摒棄。但就禪宗追求的自性清淨而言，顯然「宗通」比「說通」更符合第一義諦不可言傳的特點。禪宗講明心見性，要求修行者超越知識經驗、邏輯理性的樊籬，自然是排斥言語、文字的。所以，禪宗自稱「教外別傳，不立文字」〔註1〕，接引學人得證第一義諦的方式也是「直指人心，見性成佛」〔註2〕。但第一義諦不可言語、文字傳達的特點，讓禪師在禪法傳承的過程中陷入了兩難的困境。正如 H・奧特在《不可言說的言說》中所說的那樣，「怎樣能夠不對不可說的保持沉默，而是言說；怎樣能夠使它進入人際間的理解」。〔註3〕因此，禪師在接機學人方式的選擇上，著實下了功夫。畫圓相，正是禪師在接機學人時採用的非言語手段，其意在不涉言語道路，而以圖象符號示機第一義諦。

〔註1〕〔唐〕郭天錫《臨濟慧照玄公大宗師語錄・序》，《大正藏》第47卷，495頁上。
〔註2〕〔唐〕郭天錫《臨濟慧照玄公大宗師語錄・序》，《大正藏》第47卷，495頁上。
〔註3〕〔瑞士〕H・奧特《不可言說的言說》，林克等譯，北京：三聯書店1994年，第34頁。

一、圓相釋義

《五燈會元》「仰山西塔光穆禪師」條中記載了這樣一則公案：有學人向光穆禪師請教「如何是頓」，光穆禪師並沒有用語言或文字直接解答，而是「作圓相示之」〔註4〕。光穆禪師所畫的圓圈，既向學人傳達了自性圓滿即可頓悟的禪理，還象徵了自性圓融無礙的完美形態，可謂一舉兩得。在眾多的幾何圖形裏，禪師爲什麼獨獨選擇圓形來傳達他所認知的第一義諦呢？這其實與圓的幾何形態、文化內蘊有著較爲緊密的聯繫。

圓形是所有幾何圖形中唯一不被線條分割的圖形，循環的圓是最完美的運動，它的終點和起點合二爲一，周而復始，有著「無窮大」的象徵意蘊，常常用於代表完美與永恒，因而在許多神秘學說中成爲最重要、最普遍的符號，是早期人類意識範疇中形而上的共識。事實上，「遠在文字發明以前，人類就開始用各種圓裝飾自己的身體：戒指、手鐲、腳鐲，等等。原始人的房子通常建成圓柱形或半球形。」〔註5〕而古希臘人也認爲「一切平面中最美的是圓形」〔註6〕，凱爾特文化裏則流傳著魔戒與奇異飛盤的故事。在文藝復興時期，同心圓常被當作宇宙的象徵。後來黑格爾在《小邏輯》中將哲學描述爲「圓」集合而成的整體〔註7〕，列寧對此大加讚譽之餘，也指出「每一種思想=整個人類思想發展的大圓圈（螺旋）上的一個圓圈」〔註8〕。

在中國傳統文化裏，圓圈也常被用作形上本體的譬喻，《周易》裏就有「著之德，圓而神」〔註9〕的說法。陰陽太極圖裏，陰陽兩性處於同一個圓中，分別以黑、白兩色表示，中間以 s 形線條隔開，兩部分中又各自包含相反顏色的小圓。之所以使用圓形，正是因爲「○者，無極而太極也，所

〔註4〕〔宋〕普濟《五燈會元》卷九《西塔光穆禪師》，蘇淵雷點校，北京：中華書局 1984 年，第 543 頁。

〔註5〕〔美〕澤布羅夫斯基《圓的歷史：數學推理與物理宇宙》，李大強譯，北京：北京理工大學出版社 2003 年，第 27 頁。

〔註6〕《古希臘羅馬哲學》，北京大學哲學系外國哲學史教研室編譯，北京：商務印書館 1982 年，第 36 頁。

〔註7〕〔德〕黑格爾《小邏輯》，賀麟譯，北京：商務印書館 1980 年，第 56 頁。

〔註8〕〔蘇〕列寧《列寧全集》第 55 卷，中共中央馬克思恩格斯列寧斯大林著作編譯局譯，北京：人民出版社出版社 1990 年，第 207 頁。

〔註9〕《周易正義》，〔曹魏〕王弼注，〔唐〕孔穎達正義，阮元校刻《十三經注疏》，北京：中華書局 1980 年，第 81 頁下。

以動而陽、靜而陰之本體也。」〔註 10〕。莊子也有「樞始得其環中，以應無窮」〔註 11〕的觀點，認爲至道如圓，運轉自如、流變無窮。所以錢鍾書先生指出，「吾國先哲言道體道妙，亦以圓爲象」，「眞學問，大藝術皆可以圓形象之。」〔註 12〕在這一點上，東西方是有著共同點的。

圓形在古印度的意識範疇中有著重要的地位，在建築、繪畫、雕塑中被大量地使用，而佛教對之更是情有獨鍾。以佛教建築爲例，佛教修行的壇場曼荼羅（Mandala）就是「一個被圓形環繞的方形圖案」〔註 13〕。佛陀的窣堵波（梵文 stūpa，意謂佛陀舍利塔）的形狀「多爲圓形，並且基本上都採取右繞的禮儀。類似的建築物一般是隱居者與聖人的居住地，並被後來的支提窟所採用」，除此之外，「圓形的建築物並不限於 stūpa，它是早期宗教建築的共性。」〔註 14〕大乘佛教講「緣起性空」，萬物因緣和合而生，沒有實體的存在，本質上是不眞實的。但若修行者執著於「空」的概念，無視「空」由大千世界裏的「色」應物顯形，也是不對的。「空」性圓融無礙特徵的最佳「色「顯，應是圓形。因此，佛教的護摩爐上常常雕刻的四相中，「圓相」和圓形態的「蓮華相」就佔有二席。〔註 15〕佛力的象徵「法輪」，生命遷轉的「輪迴」，無不是架構在圓形的基礎之上。具體到佛陀的形貌，也與圓相關性甚大。佛經中描述佛陀有三十二種相好，圓潤之形甚多。其「大人身形圓好，猶如尼拘類樹。上下圓相稱，是謂大人大人之相」〔註 16〕，具體到佛陀的髮髻、肩部、足部，面部、手掌，無不呈現爲圓潤的形象。圓形也被用來形容世界諸般色相的圓滿形態，《大寶積經》中就寫到，「無量無邊風輪圓相，並諸佛土具足圓相」。〔註 17〕同時，圓相也是認知的完美狀態，《法華文句經》卷九提到，

〔註 10〕〔宋〕朱熹《朱子全書》第 13 冊《太極圖說解》，上海：上海古籍出版社：合肥：安徽教育出版社 2002 年，第 70 頁。

〔註 11〕陳鼓應《莊子今注今譯》，北京：中華書局 1983 年，第 54 頁。

〔註 12〕錢鍾書《談藝錄》，北京：中華書局 1984 年，第 111～112 頁。

〔註 13〕〔英〕JackTresidder《象徵之旅：符號及其意義》，石毅等譯，北京：中央編譯出版社 2001 年，第 148 頁。

〔註 14〕湛如《淨法與佛塔》，北京：中華書局 2006 年，第 184 頁。

〔註 15〕〔唐〕法天《妙臂菩薩所問經》卷三《說勝道分》，《大正藏》第 18 卷，第 756 頁中。

〔註 16〕〔東晉〕僧伽提婆譯《中阿含經卷》卷十一《中阿含王相應品三十二相經》，《大正藏》第 1 卷，第 494 頁上。

〔註 17〕〔唐〕玄奘譯《大寶積經》卷四三《菩薩藏會》，《大正藏》第 11 卷，第 253 頁上。

修行者「應具明圓相以顯今經，若不然者非安樂之行」。〔註18〕而四卷本《楞伽經》中說菩薩修行到「如來地」，得證眞如之後。其顯現也是「種種變化圓照示現，成熟眾生如水中月」。〔註19〕圓形之所以受到佛教徒如此青睞，與其形態上的圓融無缺，結構上的內封閉不無關係。這樣的形態結構，足以象徵佛法的圓滿和佛性不受外物侵擾的圓成。佛經中還有圓融、圓照、圓性、圓覺、圓通、圓寂等詞彙，這都是對圓形在認知上進行形而上提升的結果。隨後禪師以畫圓相的方式，呈現不可用言語描述的第一義諦，表達「本來心法元自備足」〔註20〕之意，也就有其所始了。此外，印度的密教，提倡以阿字觀想第一義諦，其方法是畫圓月一輪，中書「阿」字，修持者對此默坐端念，開啓佛性。唐玄宗時期，印度僧人善無畏、金剛智和不空奉詔翻譯密教經典，正式將密教傳入中國。禪師早期畫圓相的方法，與密教的「阿」字觀想方法比較相似。不過禪師是在接機學人的過程中畫圓相，屬於交際手段的一種，與密教以「阿」字自我默坐觀想、更類似於印度靜坐禪修的方式大不一樣，具有鮮明的中國特色。

二、圓相之始

據宋人編寫的《人天眼目·圓相因起》記載，禪宗「圓相之作，始於南陽忠國師，以授侍者耽源。源承讖記傳於仰山，遂目爲溈仰宗風」。〔註21〕但在禪宗的譜系之中，首先使用圓相顯示第一義諦的，應是西方第十四祖龍樹尊者。龍樹尊者宣講法義結束後，「復於座上，現自在身，如滿月輪」〔註22〕，這滿月之相，正是一個圓形。他的弟子迦那提婆解釋道，「此是尊者現佛性體相，以示我等。何以知之？蓋以無相三昧，形如滿月，佛性之義，廓然虛明」。〔註23〕佛性可以通過滿月的圓形之相得以傳達，其體性圓融天成，無懈可擊。在禪宗

〔註18〕〔唐〕湛然《法華文句經》卷九《釋安樂行品》，《大正藏》第 34 卷，第 319 頁上。

〔註19〕〔劉宋〕求那跋陀羅譯《楞伽阿跋多羅寶經》卷四《一切佛語心品》，《大正藏》第 16 卷，第 511 頁上。

〔註20〕〔宋〕普濟《五燈會元》卷九《溈山靈祐禪師》，蘇淵雷點校，北京：中華書局 1984 年，第 520 頁。

〔註21〕〔宋〕晦巖智昭《人天眼目》卷四《圓相因起》，《大正藏》第 48 卷，第 321 頁下。

〔註22〕〔宋〕普濟《五燈會元》卷一《十四祖龍樹尊者》，蘇淵雷點校，北京：中華書局 1984 年，第 22 頁。

〔註23〕〔宋〕普濟《五燈會元》卷一《十四祖龍樹尊者》，蘇淵雷點校，北京：中華書局 1984 年，第 22 頁。

典籍中，通常以爲耽源應眞傳授給仰山慧寂的圓相不是一個簡單的圓形，而是數量眾多、內涵豐富的符號系統。對此，在《人天眼目》中有如下的記述：

> 耽源謂仰山曰：「國師傳六代祖師圓相九十七個，授與老僧。國師示寂時，復謂予曰：『吾滅後三十年，南方有一沙彌，到來大興此道。次第傳授，無令斷絕。』吾詳此讖事在汝躬，我今付汝，汝當奉持。〔註24〕

若依據此段文獻，禪宗作圓相的歷史還可以上溯到六祖惠能。就《壇經》中惠能自述「不識字」，請人代讀、代書偈子一事，〔註25〕可推知惠能的文化程度不高，不太可能秉承早期禪師持四卷本《楞伽經》宣化的傳統。因此，惠能自己宣稱，「佛性之理，非關文字能解，今不識文字何怪？」〔註26〕在缺乏佛教經典知識的背景之下，如何在單薄的語言之外，呈現他自己所認知到的圓融法性呢？這讓惠能以非言語的手段接機學人成爲可能。但在現有的禪宗文獻中，最早正式以「圓相」接機學人的是南陽慧忠國師。

《祖堂集》稱慧忠出自曹溪六祖門下〔註27〕，惠能雖然否定語言、文字的對第一義諦的解讀能力，但還是延續了禪宗早期的觀點，並未完全否定言教，認可其爲接機的手段之一。慧忠則持「無說」說，即一切都說卻無一能觸及第一義諦，等於沒說，將語言的功能徹底否定了。所以他才會要求本淨禪師回答「汝已後見奇特言語如何」的問題，並以「是汝屋裏事」提醒本淨禪師要返歸內心，拋棄其「無一念心愛」的回答之中對「念」的執著分別。〔註28〕既然文字、語言都無從觸及第一義諦，禪師運用圓形之相，象徵不可湊泊的第一義諦，就有了將形而上的思想予以形象化呈現的意義了。《五燈會元·南陽慧忠國師》中記載了這樣一則公案：

> 師見僧來，以手作圓相，相中書日字，僧無對。〔註29〕

〔註24〕〔宋〕晦巖智昭《人天眼目》卷四《圓相因起》，《大正藏》第 48 卷，第 321 頁下。

〔註25〕《壇經校釋》郭朋校釋，北京：中華書局 1983 年，第 15 頁。

〔註26〕《曹溪大師別傳》，《卍新纂續藏經》第 86 卷，第 49 頁中。

〔註27〕〔南唐〕靜　筠二禪師編撰《祖堂集》卷四《慧忠國師》，孫昌武等點校，北京：中華書局 2007 年，第 163 頁。

〔註28〕〔宋〕普濟《五燈會元》卷二《南陽慧忠國師》，蘇淵雷點校，北京：中華書局 1984 年，第 101 頁。

〔註29〕〔宋〕普濟《五燈會元》卷二《南陽慧忠國師》，蘇淵雷點校，北京：中華書局 1984 年，第 101 頁。

慧忠持「無說」說，雖是取言不及義的意思，但在接引學人的時候，卻無所不說，冀學人能從字海言山中超脫，窺得眞如佛性，當處解脫。但他與學人也有一些言語之外的接機手段，如識破麻谷「繞禪床三匝」、「振錫而立」的野狐禪道〔註 30〕，以沉默「良久」啓迪代宗皇帝脫離色相（塔樣）的泥淖〔註 31〕，「圓相」屬於這諸多手段之一。據《五家宗旨纂要·仰山九十六種圓相圖》的詮釋，此則公案中慧忠所畫圓相，意謂三類（有情類、異類、無情類）中的「無情類」。〔註 32〕慧忠禪師講「道無不在，華野莫殊」〔註 33〕，其中「道」指的是佛性。一切事物皆有佛性，則佛性的外在客體亦是一切色相。禪修者對第一義諦的追求，將突破形象與概念上的對立、分別，執著於對「眞如」法性的一歸，三類也將無別。慧忠顯然是通過畫圓相的方式，向學人傳遞自己無情亦有佛性的禪學思想。「僧無對」則顯示出僧人見指未見月，在眞理門外徘徊的迷茫。

三、圓相之相

　　圓相的使用，在中、晚唐和五代時期的禪師手中，豐富起來，這與同時代流行的「相術」有著某種內在的相似性。相術立論的基礎是《周易》，《周易》認爲「書不盡言，言不盡意」，因此「聖人立象以盡意」。〔註 34〕通過對形狀、符號等外在表徵的認知分析，試圖揭櫫背後的隱喻，「象」是達「意」的途徑。佛教也有相似的觀點，道生就曾表態說，「夫象以盡意，得意則象忘。」〔註 35〕因此就這一點而言，相術相人之體徵與禪宗畫圓相的行爲，具有相似性。只不過相術之相隱喻的是命運，禪宗圓相之相隱喻的是第一義諦。在中、晚唐時期，圓相被以馬祖道一爲代表的洪州禪系的禪師頻繁使用，直至後來

〔註 30〕〔宋〕普濟《五燈會元》卷二《南陽慧忠國師》，蘇淵雷點校，北京：中華書局 1984 年，第 99 頁。

〔註 31〕〔宋〕普濟《五燈會元》卷二《南陽慧忠國師》，蘇淵雷點校，北京：中華書局 1984 年，第 101 頁。

〔註 32〕〔清〕性統編《五家宗旨纂要》卷下《仰山九十六種圓相圖》，《卍新纂續藏經》第 65 卷，第 279 頁上。

〔註 33〕〔宋〕贊寧《宋高僧傳》卷九《唐均州武當山慧忠傳》，范祥雍點校，北京：中華書局 1987 年，第 205 頁。

〔註 34〕《周易正義》，〔曹魏〕王弼注，〔唐〕孔穎達正義，阮元校刻《十三經注疏》，北京：中華書局 1980 年，第 82 頁下。

〔註 35〕〔梁〕慧皎《高僧傳》卷七《宋京師龍光寺竺道生》，湯用彤校注，北京：中華書局 1992 年，第 256 頁。

被視爲溈仰宗的宗風。這期間禪師以圓相接機學人，重在其形象對第一義諦、圓成自性的比擬，間或摻雜文字和圖案，仍是重在以圓相之相爲教。

1、洪州圓相

擅長使用圓相的南陽慧忠禪師曾「與行思的門徒道一往來密切，似乎跨越的時間段很長」〔註36〕，而這「道一」，指的正是洪州禪系的馬祖道一禪師。以馬祖道一爲首的洪州禪系僧人，頻繁使用圓相接機。《五燈會元》中記載有馬祖道一與門人使用圓相交接的公案：

> 馬祖令人送書到，書中作一圓相，師發緘於圓相中作一畫卻封回。忠國師聞乃云：「欽師猶被馬師惑。」〔註37〕

> 有小師耽源行腳回，於師前畫個圓相，就上拜了立。師云：「汝莫欲作佛否？」曰：「不解捏目。」師曰：「吾不如汝。」小師不對。

〔註38〕

第一則公案，馬祖道一派人送信給道欽禪師，書中唯作一「圓相」。馬祖道一對他的老師懷讓禪師「說似一物即不中」〔註39〕的語言否定觀有所承繼，在《祖堂集》中，其門人藉懲治「講經講論」的大安寺主的鬼使之口，將馬祖道一的語言觀歸納爲「言論說諸法，不能現實相」。〔註40〕馬祖道一用非言語的手段「圓相」與人交接，正是拋棄言論的方式。馬祖道一反對離心多學，主張在自心與自境上尋求第一義諦「眞如」。在此處畫一圓相給道欽法師，意在示機「眞如」法性的圓融無礙，處處皆在。「眞如」法性一經色相呈現，若執著此色相，則是陷入了分別之心。道欽禪師屬於牛頭宗禪系，執著「空觀」，力求破除對色相分別的認知，達到心靈的「本源清靜」。他若能解得馬祖禪意，則隨便以一物，哪怕一粒塵沙甚至「空空」，都可表達自己對「觸境皆如」的認識。但當他試圖破除馬祖「圓相」示「眞如」的色相，殊不知己陷入對色

〔註36〕 杜繼文，魏道儒《中國禪宗通史》，南京：江蘇人民出版社 2007 年，第 228 頁。

〔註37〕 〔宋〕普濟《五燈會元》卷二《徑山道欽禪師》，蘇淵雷點校，北京：中華書局 1984 年，第 69 頁。

〔註38〕 〔宋〕普濟《五燈會元》卷三《江西道一禪師》，蘇淵雷點校，北京：中華書局 1984 年，第 129 頁。

〔註39〕 〔南唐〕靜、筠二禪師編撰《祖堂集》卷三《慧忠國師》，孫昌武等點校，北京：中華書局 2007 年，第 191 頁。

〔註40〕 〔南唐〕靜、筠二禪師編撰《祖堂集》卷三《慧忠國師》，孫昌武等點校，北京：中華書局 2007 年，第 612 頁。

（圓形）的執著和色（圓形）與非色（眞如）的對立。慧忠禪師正是據此認為，道欽未能眞正理解「空」，被馬祖道一迷惑。

第二則公案，耽源雲遊歸來，彙報心得，畫一「圓相」，以證「眞如」圓融不虛之性。馬祖試探性問他是否藉此圓相圖示成佛。耽源卻以不明白馬祖的意指作答。耽源以圓相之相示「眞如」，卻又馬上放棄對相的執著，保持「心」的獨立省淨。所以馬祖進而試探，以自己和耽源形成對立，試圖打破耽源心的獨立省淨。耽源不回答，則表達了對當下自我的認知。如此，「圓相」傳承在六祖之下，耽源之前，應該有慧忠、馬祖道一兩位導師。

馬祖道一使用圓相接引學人，是「言論說諸法，不能現實相」這一觀點的實踐，而圓相也是第一義諦圓成的最佳顯形。其宗系禪師接機學人過程中涉及圓相，見於文獻的還有：懷暉禪師〔註41〕、無等禪師〔註42〕、（廬山）智常禪師〔註43〕、普願禪師〔註44〕、佛嶼和尚〔註45〕、草堂和尚〔註46〕、水老和尚〔註47〕。總括其類，無論是悟還是不悟，皆以圓相之形象，象徵不可言論觸及的第一義諦、圓成自性。洪州禪師在運用「圓相」表達對第一義諦認知時，脫離經教、知解、言詮，寄寓於學人的自證自悟，是「以心傳心」的禪教方式，也是禪宗「教外別傳，不立文字」的宗風表現。

2、溈仰圓相

會昌滅佛之後，首先在江南重新振興禪宗的，是洪州禪系的希運和靈祐。臨濟宗的祖師希運禪師主張「單刀直入，人境俱奪」的修行方法，但禪教過程中也是語、勢皆用，《傳心法要》與《宛陵路》中記載他頗多精彩言論。但

〔註41〕〔宋〕普濟《五燈會元》卷三《章敬懷暉禪師》，蘇淵雷點校，北京：中華書局1984年，第154頁。

〔註42〕〔宋〕普濟《五燈會元》卷三《鄂州無等禪師》，蘇淵雷點校，北京：中華書局1984年，第167頁。

〔註43〕〔宋〕普濟《五燈會元》卷三《歸宗智常禪師》，蘇淵雷點校，北京：中華書局1984年，第144頁。

〔註44〕〔宋〕普濟《五燈會元》卷三《南泉普願禪師》，蘇淵雷點校，北京：中華書局1984年，第140頁。

〔註45〕〔宋〕普濟《五燈會元》卷三《佛嶼和尚》，蘇淵雷點校，北京：中華書局1984年，第174頁。

〔註46〕〔宋〕普濟《五燈會元》卷三《草堂和尚》，蘇淵雷點校，北京：中華書局1984年，第182頁。

〔註47〕〔宋〕普濟《五燈會元》卷三《水潦和尚》，蘇淵雷點校，北京：中華書局1984年，第184頁。

希運更喜歡以「打」的非言語方式,斬斷葛藤,禪風峻烈。對於以圓相示機第一義諦,他有自己的獨到見解。《五燈會元·洪州黃檗希運禪師》中有如下一則公案:

> 師因有六人新到,五人作禮。中一人提起坐具,作一圓相。師曰:「我聞有一隻獵犬甚惡。」僧曰:「尋羚羊聲來。」師曰:「羚羊無聲到汝尋。」曰:「尋羚羊跡來。」師曰:「羚羊無跡到汝尋。」曰:「尋羚羊蹤來。」師曰:「羚羊無蹤到汝尋。」曰:「與麼則死羚羊也。」師便休去。明日升堂曰:「昨日尋羚羊僧出來。」僧便出。師曰:「昨日公案未了,老僧休去。你作麼生?」僧無語。師曰:「將謂是本色衲僧,元來祇是義學沙門。」便打趁出。〔註48〕

公案中的新來僧人,畫圓相示機。希運則以第一義諦的訴求方式,探出僧人還不能圓融無礙,不懂得第一義諦無跡可尋、不緣外物的的本性。此處希運對「圓相」的破解,是對洪州禪系的畫圓相卻不執著圓相的禪風的繼承。到溈仰宗禪師使用圓相,則更豐富多樣,被後人視為溈仰宗門之風。

《五家宗旨纂要》中寫到,「溈仰宗風,父子一家。師資唱和,語默不露。明暗交馳,體用雙彰。無舌人為宗,圓相明之」,〔註49〕明確地指出溈仰宗不重言語重相教的特點。《景德傳燈錄》載,韋冑曾向溈山靈祐乞「伽陀」(偈子),被靈祐斥之「覿面相呈猶是鈍漢。豈況形於紙筆」;轉而祈請慧寂,慧寂「於紙上畫一圓相」。〔註50〕這則公案裏,靈祐禪師不但反對言語、文字,甚至不滿意相教。但實際上他也曾使用過圓相進行禪教〔註51〕。對溈仰宗圓相宗風形成作出巨大貢獻的,其實是仰山慧寂。在《五燈會元·仰山慧寂禪師》中記錄了多則慧寂在禪教過程中使用圓相的公案,有直接使用○相的,如「耽源上堂,師出眾,作此○相以手拓呈了,卻又手立」〔註52〕,「師乃作此○相。以手拓呈了。卻拋向背後。遂展兩手就二僧索。二僧罔措」;

〔註48〕 〔宋〕普濟《五燈會元》卷四《黃檗希運禪師》,蘇淵雷點校,北京:中華書局1984年,第189頁。

〔註49〕 〔清〕性統編《五家宗旨纂要》,《卍新纂續藏經》第65卷,第276頁下。

〔註50〕 〔宋〕道原《景德傳燈錄》卷十一《袁州仰山慧寂禪師》,《大正藏》第51卷,第282頁中。

〔註51〕 〔宋〕道原《景德傳燈錄》卷九《溈山靈祐禪師》,《大正藏》第51卷,第265頁中。

〔註52〕 〔宋〕普濟《五燈會元》卷九《仰山慧寂禪師》,蘇淵雷點校,北京:中華書局1984年,第527頁。

〔註 53〕有○裏附加文字的，如「問如何是祖師意？師以手於空，作此⑲示之」〔註 54〕，「師閉目坐次，有僧潛來身邊立。師開目，於地上作此⑭相」〔註 55〕，「師乃畫此卍相對之」〔註 56〕；還有慧寂堪破學人圓相的，如「陸希聲相公欲謁師，先作此○相封呈。師開封於相下面書云：『不思而知，落第二頭。思而知之，落第三首。』遂封回。」〔註 57〕「僧以手畫此○相拓呈，師以衣袖拂之。僧又作此○相拓呈，師以兩手作背拋勢。」〔註 58〕《人天眼目‧圓相因起》中記載，明州五峰良和尚對仰山圓相總結了六義，分別是：圓相、暗機、義海、字海、意語、默論。〔註 59〕按照方立天在《中國佛教哲學要義》中所講的，「圓相是體，後五名是其用。」〔註 60〕意謂，圓相這一特殊符號可以暗藏眞理、意蘊廣大；可以替代文字語言，達到不說而說的境界。對於仰山慧寂的圓相，清代性統編的《五家宗旨纂要》細緻地進行了解讀，並將圓相的用途概括爲 19 種〔註 61〕。其用途之泛、涵義之豐，可見一斑。但這 19 種用法，都依託於圓相，「毋論是生是佛，情與無情，哪能越得圈子去。」〔註 62〕潙仰宗的圓相示機被其宗系的後人繼承，慧寂法嗣就有西塔光穆禪師〔註 63〕、霍山景通禪師〔註 64〕、五觀順支大師〔註 65〕、資福貞邃禪師〔註 66〕、

〔註 53〕〔宋〕普濟《五燈會元》卷九《仰山慧寂禪師》，蘇淵雷點校，北京：中華書局 1984 年，第 530 頁。

〔註 54〕〔宋〕普濟《五燈會元》卷九《仰山慧寂禪師》，蘇淵雷點校，北京：中華書局 1984 年，第 532 頁。

〔註 55〕〔宋〕普濟《五燈會元》卷九《仰山慧寂禪師》，蘇淵雷點校，北京：中華書局 1984 年，第 535 頁。

〔註 56〕〔宋〕普濟《五燈會元》卷九《仰山慧寂禪師》，蘇淵雷點校，北京：中華書局 1984 年，第 533 頁。

〔註 57〕〔宋〕普濟《五燈會元》卷九《仰山慧寂禪師》，蘇淵雷點校，北京：中華書局 1984 年，第 534 頁。

〔註 58〕〔宋〕普濟《五燈會元》卷九《仰山慧寂禪師》，蘇淵雷點校，北京：中華書局 1984 年，第 533 頁。

〔註 59〕〔宋〕晦岩智昭《人天眼目》卷四《圓相因起》，《大正藏》第 48 卷，第 321 頁下。

〔註 60〕方立天《中國佛教哲學要義》，北京：中國人民大學出版社 2002 年，第 1127 頁。

〔註 61〕〔清〕性統編《五家宗旨纂要》，《卍新纂續藏經》第 65 卷，第 279 頁中。

〔註 62〕〔清〕性統編《五家宗旨纂要》，《卍新纂續藏經》第 65 卷，第 279 頁中。

〔註 63〕〔宋〕普濟《五燈會元》卷九《西塔光穆禪師》，蘇淵雷點校，北京：中華書局 1984 年，第 543 頁。

〔註 64〕〔宋〕普濟《五燈會元》卷九《霍山景通禪師》，蘇淵雷點校，北京：中華書局 1984 年，第 544 頁。

潭州鹿苑和尚〔註67〕，其「表相現法」接機手段，一如仰山師。

　　囿於文獻，潙仰宗的圓相是否真的像《人天眼目》中記載的式樣繁複、內涵豐富，我們不得而知。但就其宗門禪師使用「圓相」的情況而言，潙仰宗禪師們主要還是以圓相之相，示機圓通無礙的第一義諦，並結合圖形、文字，豐富圓相的表義功能。潙仰宗的圓相手段，基本上還是停留在圖象象徵層次之上的，並無相對固定的含義，還不是確切的交際符號。但更多文字在圓相之中出現，預示著文字義解有回歸禪教徵兆；同時，「禪宗在南方發展到潙仰一系，有一個顯著的變化，特殊地表現在標榜玄學、用參玄代替參禪。」〔註68〕佛教在傳入中國的早期，就與玄學結合播化。此時潙仰宗在參禪中重新標榜玄學，一方面提升了禪宗的文化質量，加快了禪宗士人化的速度；另一方面則為曹洞宗以《周易》解「圓相」，作了先導。

四、文字圓相

　　潙仰宗九十七種圓相的含義，多由後人歸納所得，揣測成分居多。其後的曹洞宗與法眼宗，則明確地將圓相與義解掛鉤。如果說潙仰宗圓相的使用還帶有那麼一絲不可思議的神秘性和隨機性，在牛頭宗禪系的曹洞宗和法眼宗這裡，則只需借助文字的條目，就可解讀圓相。這樣做的直接後果一方面是提高了圓相的交際溝通能力，另一方面則弱化了圓相圖象表意的模糊性與豐富性，以及圓相圖象對第一義諦不可言傳、圓融無礙之特性的模擬。

　　早在中唐晚期，宗密法師就在《禪源諸詮集都序》中通過○的變化表示「真如」迷真逐妄、再悟妄歸真的過程，並附以文字說明。宗密本人自稱出自禪門荷澤，但他亦受教於華嚴宗澄觀。雖然他身上體現出華嚴宗與禪宗融合的特點，但華嚴宗思想的比重更大。在中國佛教史上，宗密也是以華嚴宗祖師的身份立身。《禪源諸詮集都序》作於其晚年，其中將○表示的「真如」解釋為「即是一法界」〔註69〕，是實相的異稱，屬於華嚴宗教義，異於禪宗

〔註65〕〔宋〕普濟《五燈會元》卷九《五觀順支禪師》，蘇淵雷點校，北京：中華書局1984年，第546頁。

〔註66〕〔宋〕普濟《五燈會元》卷九《資福貞邃禪師》，蘇淵雷點校，北京：中華書局1984年，第554頁。

〔註67〕〔宋〕普濟《五燈會元》卷九《潭州鹿苑和尚》，蘇淵雷點校，北京：中華書局1984年，第555頁。

〔註68〕杜繼文，魏道儒《中國禪宗通史》，南京：江蘇人民出版社2007年，第352頁。

〔註69〕〔唐〕宗密《禪源諸詮集都序》卷二下，《大正藏》第48卷，第410頁。

「空」的本性。宗密圓相中雖然與曹洞宗的五位圓相有相同圖象，但其立論之源與意旨卻並不相同。

曹山本寂之前的惟儼禪系，夾山會善禪師有使用「圓相」的公案〔註70〕，與曹洞宗本寂禪師差不多同時代的岩頭全豁〔註71〕和雪峰義存〔註72〕也都曾使用過「圓相」，但讓禪宗「圓相」煥發新面貌的，還是曹洞宗的本寂禪師。曹山本寂之所以運用「圓相」，是為了表達理（空）、事（色）圓融的「五位」禪觀，也就是探討第一義諦與大千色相的關係。曹山本寂將「五位」禪觀以五位君臣作比，以五位圓相作圖顯，並且以《周易》五卦作為參照，其對應關係為：

正中偏（孤理缺事）	君 位 ◒	巽
偏中正（孤事缺理）	臣 位 ◓	兌
正中來（事化入理）	君視臣 ☉	大過
兼中至（事理並化）	臣向君 ○	中孚
兼中到（事理圓融）	君臣合 ●	重離〔註73〕

曹洞宗用黑白二色，將原本簡單的圓相之形，化為五個。相對於單一的圓形，這五相的形態更豐富，表意功能各不相同。但將圓形原本獨立模糊、不確定性的含義，約定俗成為五個具有相對固定含義，指嚮明確的符號，圓相意指的範圍反而縮小了。本寂在解讀五相意旨的時候，配合《周易》卦象，則表明禪宗融入了更多的本土知識，去異質文化的程度加深。同時，以《易》解圓相，為後代公案的注解闡釋開了先河。圓相逐漸由圖形轉化為擁有相對固定義釋的圖形文字，違背了「不立文字」的初衷。但隨後曹洞宗並無嗣法的得意弟子，五位禪觀說與五位圓相，並未得到進一步的發展。

同時代的雪峰義存的弟子也有使用圓相的公案，見於文獻的有師備禪師〔註74〕、順德禪師〔註75〕、永禪師〔註76〕。他們使用圓相，基本同於之前洪

〔註70〕〔宋〕普濟《五燈會元》卷六《黃山月輪禪師》，蘇淵雷點校，北京：中華書局 1984 年，第 312 頁。

〔註71〕〔宋〕普濟《五燈會元》卷七《岩頭全豁禪師》，蘇淵雷點校，北京：中華書局 1984 年，第 378 頁。

〔註72〕〔宋〕道原《景德傳燈錄》卷十七《澧州欽山文邃禪師》，《大正藏》第 51 卷，第 340 頁中。

〔註73〕本表依據〔唐〕曹山本寂《撫州曹山元證禪師語錄》，〔日〕指月慧印校訂，《大正藏》第 47 卷。

〔註74〕〔宋〕《五燈會元》卷七《玄沙師備禪師》，蘇淵雷點校，北京：中華書局 1984 年，第 396 頁。

州禪系的手段，但不及潙仰宗宗旨鮮明，亦不及曹洞宗特色突出。直到法眼宗人，則再度刻意提出圓相。

法眼宗的文益禪師在「理」、「事」的關係上，提倡不二說，「理無事而不顯，事無理而不消，事理不二。」〔註77〕這一思想來自於華嚴六義，華嚴宗以「六相」爲法界緣起、事事無礙之相，分爲是：總相、別相、同相、異相、成相、壞相。第一諦的「總相」必須借助後五相得以顯現，而後五相之無盡相也歸於第一義諦的「總相」。所以，《金師子章注》中才會說，「一一相中，含無盡相，一一法中，具無盡法。」〔註78〕這正是六相圓融之眞理所在。法眼宗人將此六相之圓融，用一圓相表示： 。正中寫一「總」字，其餘再依次按照「別、同、異、成、壞」，從左到右排列。相對於之前的圓相以圖象示第一義諦的圓融無礙，法眼宗圓相的圖象表義功能已經降至最低。第一義諦的示機，更多地是借助圓形內「別、同、異、成、壞」這六個字。這意味著，從發展之初禪宗力圖在語言、文字之外，尋找的對第一義諦的表達手段，終究又回到與文字結合，並以文字爲主的路數上來了。後期法眼宗的代表人物延壽，在禪論中明確提出「名字性空皆唯實相。但從緣起，不落有無。」〔註79〕要求重新定位語言、文字在佛教中的地位，並闡揚教禪一致的觀點。這試圖統一第一義諦與語言、文字的關係的思想，與前期文益理、事不二的觀點保持著一致，爲文字、語言正式回歸禪教，作了理論先導。

五、圓相文字

進入宋代，禪宗迎來劇變，進入「文字禪」與「話頭禪」的時代。前者以清涼慧洪據文解禪、以言見心爲標誌，後者以宋初善昭「公案禪」爲始，圓悟克勤刊定《碧巖錄》爲盛大，隨後燈錄迭出，話頭遍天下。禪宗劇變固然有禪宗在宋代士大夫階層流行，更多沾染文人重文風氣的緣故，但禪宗內

〔註75〕 〔宋〕《五燈會元》卷七《越州道怤禪師》，蘇淵雷點校，北京：中華書局1984年，第414頁。
〔註76〕 〔宋〕《五燈會元》卷七《雙泉山永禪師》，蘇淵雷點校，北京：中華書局1984年，第432頁。
〔註77〕 〔宋〕道原《景德傳燈錄》卷二八《大法眼文益禪師》，《大正藏》第51卷，第449頁上。
〔註78〕 〔唐〕法藏述《華嚴經金師子章注》，〔宋〕承遷注，《大正藏》第45卷，第670頁中。
〔註79〕 〔宋〕永明延壽《萬善同歸集》卷上，《大正藏》第48卷，第961頁上。

部在本體論上關於「空」與「色」關係的討論、在語言觀上由「不立文字」
到「不離文字」的理論沿革,才是劇變的內因所在。圓相由之前的動作描摹、
圖象顯示,發展到圖象文字;圓相的解讀也從意蘊模糊、混融圓通到有章可
據、對應分明。在宋代,雖然也有僧人仿前代作圓相,但思想內核並未繼續
革新的圓相,不過是話頭的起點罷了。學人對第一義諦的理解,也不再循圓
相之形象,而是追尋語言、文字而去。以如下三則宋僧畫圓相的公案爲例:

> 「寶峰不免依模畫樣,應個時節。」乃打一圓相曰:「清光萬古
> 復千古,豈止人間一夜看。」〔註80〕

> 上堂,畫一圓相,以手拓起曰:「諸仁者還見麼?團團離海嶠,
> 漸漸出雲衢。諸人若也未見?莫道南明長老措大相,卻於寶華王座
> 上念中秋月詩。若也見得,此夜一輪滿,清光何處無?」〔註81〕

> 上堂。良久打一圓相曰:「大眾。五千餘卷詮不盡,三世諸佛贊
> 不及。令人卻憶賣油翁,狼忙走下繩床立。參。」〔註82〕

三則公案中的禪師在示「圓相」之後,不是停止接機,讓學人循形自行領悟,
而是用更生動的語言,說出自己要表達的意思。他們用語言描繪第一義諦,
闡釋其超越性和無限性,但其精彩的言論,卻極其容易讓學人沉醉言辭,無
法言語道斷。這三則公案的共同特點是,禪師畫「圓相」,只是作爲整個話頭
起點,接機的重點是隨後的語言;學人對第一義諦的領悟,不再是循圓相之
形,而是禪師的話頭。這三則公案中,宋代禪師的語言富於辭藻美,而且生
動形象,充分體現了宋代禪宗的文字化、文人化的傾向。

　　自從禪宗進入文字闡釋時代,走上了中國化的義解之路,考據、循經、
溯源,就無所不爲了。這有利於禪宗消磨掉異域文化的義角,完成本土化的
改造。我們現在能看到前代禪師的圓相手段,依傍於宋人輯錄的大量的燈錄、
禪話以及保存在文人集子中的公案。倘若禪師們堅持「不立文字」,「教外別
傳」,我們注定無法從典籍中讀到禪師們以圓相示機的精彩場景,更無法完成
這樣一個對禪宗的圓相的追溯。因此自文字禪興起之後,關於圓相的文字,

〔註80〕〔宋〕普濟《五燈會元》卷十二《泐潭景祥禪師》,蘇淵雷點校,北京:中華
　　　　書局 1984 年,第 763 頁。
〔註81〕〔宋〕普濟《五燈會元》卷十六《蔣山法泉禪師》,蘇淵雷點校,北京:中華
　　　　書局 1984 年,第 1030 頁。
〔註82〕〔宋〕普濟《五燈會元》卷十六《夾山自齡禪師》,蘇淵雷點校,北京:中華
　　　　書局 1984 年,第 1072 頁。

爲後代學人瞭解禪宗的發展歷程，提供了一個審視的側面。

第二節 圓相集成——以海東樸順之的圓相系統爲研究中心

頻繁使用圓相進行禪法教育，而又發展出內容豐富、符號繁多的禪系當屬潙仰宗。宋代的《人天眼目》中說，「圓相之作，始於南陽忠國師，以授侍者耽源。源承讖記傳於仰山，遂目爲潙仰宗風。」〔註83〕以圓相之「相」示意宗門禪法思想，「是爲仰宗的重要創造。」〔註84〕仰山慧寂對中國傳統文化典籍《周易》相當熟悉，《五燈會元‧仰山慧寂禪師》就記錄了他熟練使用卦象接機學人的公案。符號體現思想，應是倣傚《周易》「聖人立象以盡意」的做法，這一點在清代三山來禪師對圓相「義海」的解讀中就已經識破。因此「我們有理由認爲，圓相是禪宗借鑑本土的符號形式改造佛經的言說方式的嘗試之一，與禪宗語言其它的本土化嘗試是一致的。」〔註85〕仰山慧寂以圓相這一特殊形式表達個人禪法思想，並在禪法教育過程中頻繁使用。其弟子海東樸順之進一步將圓相符號系統化，並將宗門核心理論、對其他宗門的批判與如何順勢印可將悟學人的方法，統統融入他所創造的「十對」共十七個符號的圓相系統。

一、海東樸順之的圓相符號系統

海東樸順之的圓相符號系統相對而出，其符號對應關係如下所示：

每一個符號都有相應的名謂，其名稱對應關係如下所示：

○ 涅槃相（理佛性相）—— ☷牛 牛食忍草相（見性成佛相）

♀牛 三乘求空相 —— ☰牛 露地白牛相（漸次見性成佛相）

告○ 契果修因相 —— 卍 因圓果滿相

○牛 求空精行相 —— 王 漸證實際相

〔註83〕〔宋〕晦岩智昭《人天眼目》卷四，《大正藏》第48卷，第321頁下。

〔註84〕杜繼文、魏道儒《中國禪宗通史》，南京：江蘇人民出版社2007年，第351頁。

〔註85〕周裕鍇《禪宗語言》，杭州：浙江人民出版社1999年，第87頁。

想解遺教相 —— 識本還源相

迷頭認影相 —— 背影認頭相

舉函索蓋相 —— （把玉覓契相）

把玉覓契相 —— （釣入索續相）

釣入索續相 —— （已成寶器相）

已成寶器相 —— 玄印旨相

這十對共二十七個圓相符號，較為明晰地分為三大板塊，分別是在「表相現法，示徒證理遲疾」過程中應對的「○涅槃相」與「牛食忍草相」、「三乘求空相」與「露地白牛相」、「契果修因相」與「卍因圓果滿相」、「求空精行相」與「王漸證實際相」；在「遣虛指實」過程中應對的「想解遺教相」與「識本還源相」、「迷頭認影相」與「背影認頭相」；在印可學人過程中應對的「舉函索蓋相」、「把玉覓契相」、「釣入索續相」、「已成寶器相」與「玄印旨相」。這三大板塊也分別在圓相符號應對中交代了本宗禪法思想、批評其它宗派的錯謬、印可將悟學人的方法。

1、「表相現法，示徒證理遲疾」過程中使用的四對八相

「○涅槃相」與「牛食忍草相」

所謂「○涅槃相」，即以○指稱宗門形而上的第一義諦。《三藏法數》卷四十六曰：「諸法中最第一法，名為涅槃，涅槃之法空無有相，是名第一義空。」〔註86〕此相也稱作「理佛性相」，「理佛性」即佛性之理體，乃是借用法相宗之「理行」概念，也是形而上的第一義諦意。仰山慧寂禪法思想核心理念是主張「不收、不攝、不思」，承襲六祖惠能「無念」思想，從溈山靈祐「以思無思之妙，返靈焰之無窮」的接引之語獲得啟發，主張清除「心境」，懂得事

〔註86〕〔清〕來舟《大乘本生心地觀經箋注》卷四六，《卍新纂續藏經》第 5 卷，第 550 頁下。

不棄理，理在境，「理事不二」的道理。〔註87〕◯可以是不可言傳的第一義諦的呈現，但並非第一義諦本身，只是「大用當前，不存軌則」的手段，學人斷不能執著。「識此相者，名爲聖人；迷此相者，名爲凡流。」〔註88〕如學人心有掛礙，不能做到即色明心，理事圓融，而以◯來請教，樸順之主張以「🐂牛食忍草相」與之相對。「🐂牛食忍草相」典出於《大般涅槃經》，其曰：「雪山有草，名爲忍辱。牛若食者，則出醍醐。」在🐂中，「草喻妙法，牛喻頓機，醍醐喻佛。如是則牛若食草，則出醍醐；人若解法，則成正覺。」因此「🐂牛食忍草相」也名「見性成佛相」。〔註89〕樸順之認爲，學人如不能參透「◯涅槃相」的理事不二，以之相問，就直接在其◯中寫個「牛」字。意謂學人不能執著於◯這個圖案，而是需要認眞參究宗門禪法思想，就好像佛經典故中只有吃草才能擠出奶的牛一樣，最後才能參證佛法，了悟自性。

「🐄三乘求空相」與「🐂露地白牛相」

所謂「🐄三乘求空相」，即以「🐄」指稱學人有心佛法但未徹證的情狀。「三乘」，即聲聞乘、緣覺乘（辟支佛乘）、大乘（菩薩乘），《法華經・譬喻品》曰：「若有眾生，內有智性，從佛世尊聞法信受，殷懃精進，欲速出三界，自求涅槃，是名聲聞乘。……若有眾生，從佛世尊聞法信受，殷懃精進，求自然慧，獨樂善寂，深知諸法因緣，是名辟支佛乘。……若有眾生，從佛世尊，聞法信受，勤修精進，求一切智、佛智、自然智、無師智、如來知見、力、無所畏，愍念安樂，無量眾生，利益天人，度脫一切，是名大乘。」〔註90〕以三論宗、法相宗爲代表，主張佛之教法不超三乘。樸順之認爲，「三乘人聞說眞空，有心趣向，未證入眞空，故表圓相下畫三牛也。」〔註91〕大

〔註87〕 杜繼文、魏道儒《中國禪宗通史》，南京：江蘇人民出版社 2007 年，第 349 頁。

〔註88〕 〔南唐〕靜、筠二禪師編撰《祖堂集》卷二十，孫昌武等點校，北京：中華書局 2007 年，第 875 頁。

〔註89〕 〔南唐〕靜、筠二禪師編撰《祖堂集》卷二十，孫昌武等點校，北京：中華書局 2007 年，第 876 頁。

〔註90〕 〔後秦〕鳩摩羅什譯《妙法蓮華經》卷二《譬喻品》，《大正藏》第 9 卷，第 13 頁中。

〔註91〕 〔南唐〕靜、筠二禪師編撰《祖堂集》卷二十，孫昌武等點校，北京：中華書局 2007 年，第 876 頁。

意是指爲參證之人。

但從第一義諦圓融渾成來看，「三乘」也就是「一乘」，「月輪相中心一牛，是表一乘。」之所以以牛表車乘，來自《法華經・譬喻品》中「羊鹿牛」典故。概而論之，「長者於宅內與諸子者，爲羊鹿牛之三車，諸子既出露地，長者與之者，爲大白牛車之一。」〔註92〕三乘家認爲，「一乘」與「三乘」中的菩薩乘同體，大白牛車即三車中的牛車，因此廢二立一。此處樸順之的觀點融合法相宗的觀點，因此主張當有人持「⊕三乘求空相」來求證悟時，他認爲應該以「⊕露地白牛相」與之相對。「露地者佛也，亦名第一義空；白牛者，諮法身之妙慧也。是故表一牛入圓相也。」這是仰山慧寂「理事不二」思想的表現，同時融合了法相宗的「理行」思想。此處可見，「⊕食忍草牛相」與「⊕露地白牛相」說文雖然有別，但實際上「相」不異。二者的區別在於見性成佛的快慢之上，「食忍草牛，則明花嚴會中頓見實性之牛，故疾；露地白牛，則明法華會中會三歸一牛，故遲。」「故舉同相同牛，明理智不異，不言來處全同也。」〔註93〕

「⊕契果修因相」與「卍因果圓滿相」

所謂「⊕契果修因相」，即以「⊕」表述學人雖已頓悟「成正覺」（果），但還未能在實踐之中做到事事（因）圓通，於心無礙，因此要「履踐如來所行之跡」。「成正覺」的頓悟是對「理」的認識，可以當下完成；「履踐如來所行之跡」是行「事」，需要時日。學人要做到理事不二，就不能只修心而不修行。這一思想其實是溈山靈祐提倡的「頓修」觀的繼承，他說：「若眞悟得本，他自知時，修與不修，是兩頭語。如今初心雖從緣得，一念頓悟自理，猶有無始曠劫習氣未能頓淨，須教渠淨除現業流識，即是修也。」〔註94〕海東樸順之承襲溈仰宗禪法，對此立場相似。他提出「行滿成佛」，主張在「窮其眞理」即頓悟佛慧的前提下，「順普賢行願，歷位光修菩薩之道，所

〔註92〕丁福保《佛學大辭典》「四車家」條，北京：文物出版社 1984 年，第 382 頁。

〔註93〕〔南唐〕靜、筠二禪師編撰《祖堂集》卷二十，孫昌武等點校，北京：中華書局 2007 年，第 876 頁。

〔註94〕楊曾文《唐五代禪宗史》，北京：中國社會科學出版社 1999 年，第 486 頁。

行周備，悲智圓滿」，在「萬行」中「證菩提」。〔註95〕若有人以 ✹ 表呈自身佛法，樸順之主張以「卍因果圓滿相」應對。「卍因果圓滿相」中的「卍」字，相傳為印度吉祥標誌，梵文為 Srivatsalakna。鳩摩羅什與玄奘等人，均將此譯為「德」，魏菩提流支在《十地經論・十二》中將之譯為「萬」，為功德圓滿之意。因此學人以行「因」的 ✹ 來求證，禪師以現「果」的卍為之印證。

「♀求空精行相」與「王漸證實際相」

所謂「♀求空精行相」，即以「♀」表述學人過於執著，就好像牛吃草一樣不停向外求證，「求心不歇」。其實佛性本然具有，即心即佛。如若不察卻一心向外求取，難免如「門前草庵菩薩求空」，污染了自性清淨。對此聖人不知即同凡夫，凡夫若知即同聖人。這一觀點從另一方面證明了自溈山靈祐而來、仰山慧寂承襲的「無思」思想。「無思」是「入理」之門，「夫道人之心，質直無偽。無背無面無詐妄心行，一切時中視聽尋常更無委曲，亦不閉眼塞耳。但情不附物，即得從上諸聖只是說濁邊過患。若無如許多惡覺情是想習之事，譬如秋水澄渟，清淨無為澹濘無礙。喚他作道人，亦名無事之人。」〔註96〕所謂「無事之人」，心性正直無妄念，不被日常環境的好惡、取捨觀等左右心智，不被聖賢言路見解污染自性。只是向內求證，斷除向外之路。

對此「求心不歇」的 ♀ 表述，樸順之提出的解決辦法是以「王漸證實際相」對之。此相圓月輪中寫一「王」字，「似聖王降伏群賊，國界安寧，更無怨賊所恒。」〔註97〕此處樸順之借用了頻見於《華嚴經》、《法華經》中菩薩破魔賊的典故，比喻學人必須掃除智障，樹立自性的絕對權威，從而參悟到離諸煩惱、用於斷惑證理的「無漏真智」。

以上四對八相，在圖象應對之間將本門禪法思想傳遞清楚。

〔註95〕〔南唐〕靜、筠二禪師編撰《祖堂集》卷二十，孫昌武等點校，北京：中華書局 2007 年，第 881 頁。

〔註96〕〔宋〕普濟《五燈會元》卷九，蘇淵雷點校，北京：中華書局 1984 年，第 521 頁。

〔註97〕〔南唐〕靜、筠二禪師編撰《祖堂集》卷二十，孫昌武等點校，北京：中華書局 2007 年，第 877 頁。

2、「遣虛指實」過程中使用的兩對四相

圓相在佛教象徵意義上的共通性，因此並不只被溈仰宗所使用。當宗門之外的人以圓相來詢時，該如何應對呢？

「▲ 想解遣教相」與「⍉ 識本還原相」

所謂「▲ 想解遣教相」，即「▲」表露來人的修證方法，「謂若有人依佛所說一乘普法，善能討尋，善能解脫，實不錯謬，而不了自己理智，全依他人所說，故表此相也。」人類學習的途徑離不開文字和言語詞彙，禪宗之所以在佛教系統中獨樹一幟，就在於它的形而上的本體，依靠公眾經驗和群體軌則，是無法達到的。概念語言所呈現的世界只是邏輯名相分割出來的有限性，遠非真實。原始佛教與佛教其它宗門，都很注重語言概念的思辨和推理，禪宗要求拋棄這些，主張「不立文字」，甚至提出「言語道斷」、「擬心則差」，「乾脆用種種形象直覺的方式來表達和傳遞那些被認為本不可以表達和傳遞的東西。這種表達和傳遞既然不是任何約定的語言、符號，結果就變成一種特殊的主觀示意了。」〔註98〕因此，禪宗總是強調「教外別傳」的身份，並非其教旨有何獨特之處，就在於它不依名相，純粹一味以直覺主觀的「悟」方法論。不像密宗那樣執著於持咒、結印，也不是華嚴宗、法相宗那樣觀佛、念佛、止觀，而是以無門為法門，因此也稱無門宗。

禪宗各派都有不提倡藉助經典或者祖師言教參證的論述，溈仰宗宗在這方面也表現出「第一是不重視讀誦佛經，第二是不絕對排斥讀經。」〔註99〕在對「●▲ 想解遣教相」解讀中，樸順之也認為，「依教想解，衹是虛妄。」「有人雖依教分析三藏教典，而未顯自己理智者，盡是想解」，「不了自己理智，全依他人所說」，〔註100〕即個體認知沉溺於佛經陳述的他方參證體驗，而不懂得藉助佛經見解發展出自己的參證體悟。但學習佛經所記述的圓融真如，並進行必要的探討闡發本來無錯，樸順之自己也常引經據典，所以他會說「有人依佛所說一乘普法，善能討尋，善能解脫，實不錯謬」。而「若是智

〔註98〕 李澤厚《新版中國古代思想史論》，天津：天津社會科學院出版社 2008 年，第 159 頁。

〔註99〕 楊曾文《唐五代禪宗史》，北京：中國社會科學出版社 1999 年，第 488 頁。

〔註100〕〔南唐〕靜、筠二禪師編撰《祖堂集》卷二十，孫昌武等點校，北京：中華書局 2007 年，第 878 頁。

者依教，何用識心？」〔註101〕對於參證者而言，讀經是無所妨害的。只是一般凡人容易因佛經而生發「想解」而蒙蔽「理智」，因此不提倡。相對於師傳仰山慧寂反對「借教悟宗」，只給「口門、言語牙齒、咽喉唇吻」等口頭表述留下一條道路，樸順之從一定層面肯定了從文字（一乘普法）上參證，「不是不許依教悟入」；仰山慧寂要求學人「莫記吾語」，而是要「識心達本，但得其本，不愁其末」。〔註102〕但慧寂只是講到契悟自性的「安禪靜慮」，並未講契悟之後個體該如何發展心智。樸順之在此提出要袪「牛」不袪「人」，正在於 🐂 中的「人」代表「理智，」因此要發掘「自己理智」即自己的獨立觀點。這也是對慧寂禪法思想的繼承與發展，顯示了晚唐五代時期，文字開始在禪宗傳教方式合法地位的復辟。

　　樸順之此處所指「有人依佛所說一乘普法，善能討尋，善能解脫」的人，應該是指華嚴宗、法相宗等注重讀經、誦經為法門的宗派。雖然溈仰宗從華嚴宗、法相宗吸取很多的思想理路，但是在方法論上，還是對其持否定態度。由此可見宗門之別。對於「🐂 想解遣教」之人，樸順之倡導以「🧍識本還源相」來應對，主要是要告誡學人讀經但不要執著於經所架構的名相觀念，而是要做到「善惡都莫思量，自然得入清淨心體」，〔註103〕這也是慧寂禪師一再強調的「思無思」。一旦如此，「想解不生，則理智現前」。

　　「🐂迷頭認影相」與「🧍背影認頭相」

　　所謂「🐂迷頭認影相」（圖象），即「🐂」表述的認知境界即是「若有人不了自己佛及淨土，信知他方佛、淨土，一心專求往生淨土，見佛聞法，故勤修善行，念佛名號及淨土名相，故表此相也。」淨土信仰中，華嚴宗突顯十方淨土，而淨土宗以念佛為功行，清除自心塵垢，求生萬德莊嚴之淨土。在樸順之看來，這是「眾生未發真智，未達真空」的表現，而他否定向外淨土，也是大乘佛教「不假外求，返證心源」的一貫宗旨。禪宗自六祖惠能以來，一直倡導眾生「自性法身」本然具備，不必向外尋求。隨後馬祖道一在「萬法皆從心生，心為萬法之根本」的基礎上倡導「即心是佛」，主張佛在自

〔註101〕〔南唐〕靜、筠二禪師編撰《祖堂集》卷二十，孫昌武等點校，北京：中華書局 2007 年，第 878 頁。
〔註102〕楊曾文《唐五代禪宗史》，北京：中國社會科學出版社 1999 年，第 488 頁。
〔註103〕《六祖大師法寶壇經》卷一，《大正藏》第 48 卷，第 359 頁下。

心，不必外求。潙仰宗禪法思想以「無思」爲核心，在這基礎上「以思無思之妙，返靈煙焰之無窮，思盡還源，性相常住，理事不二，眞佛如如。」〔註104〕這理事圓融，不假外求的「無思之妙」也是樸順之所謂的「眞智」，「眾生若發眞智，達得眞空，即眞智是佛，空是淨土」。因此，要應對這一惑相，樸順之的意見是「不袪圓相中心人字，袪下牛字也」，以「（人）背影認頭相」對之。意謂消除向外求取之心，而向內尋求自性，相信心具有佛性。他特地引梁代寶誌（誌公）話來佐證觀點，「不解即心即佛，眞似騎驢覓驢者」。

3、玄問玄答中使用的四對五相

這裡討論的前提是未走上參證的歧途。

「（∪）舉函索蓋相」對應「（○）把玉覓契相」

所謂「（∪）舉函索蓋相（圖象）」，「亦名半月待圓相。」樸順之在此將學人的認知狀態比作一個未蓋上蓋子的盒子，即「問者舉函索蓋」；印可學人的辦法就是給盒子蓋上蓋子，即「答者將蓋著函」。以圖象應對就是將未完成的半圓補充爲完整的圓，即「若有人將此相來問，更添半月對之」，成「（○）把玉覓契相」。「圓相則表諸佛體也」，〔註105〕這是印可過程的第一階段。

「（○）把玉覓契相」對應「（厶）釣入索續相」

所謂「（○）把玉覓契相」，樸順之在此將已經參悟到「佛體」即形而上眞如的學人的認知狀態比作抱著玉石等待師傅印可，即「（○）問者把玉覓契」，這裡用的是「卞和獻玉」的典故。「若有人將此相來問，圓月中心著某對之」，即在圓相中書寫「厶」字表示認可其爲可造之才，即「答者識珠便下手」，成「（厶）釣入索續相」，這是印可過程的第二階段。

「（厶）釣入索續相」對應「（佛）已成寶器相」

所謂「（厶）釣入索續相」，樸順之在此將被禪師認作可造之才的學人的認知狀態比作等待禪師幫助完成的一半的佛（仏）字，「此則問者釣入索續」。「若有人將此相來問，某字邊添著人字對之」，禪師需要做的是將圓月相中的這個

〔註104〕楊曾文《唐五代禪宗史》，北京：中國社會科學出版社1999年，第483頁。
〔註105〕〔南唐〕靜、筠二禪師編撰《祖堂集》卷二十，孫昌武等點校，北京：中華書局2007年，第879頁。

佛字完成，從而「續成寶器相」即 ，這是印可過程的第三階段。

「已成寶器相」與「玄印旨相」

　　所謂「已成寶器相」，樸順之在此將學人已達到自性圓融的認知狀態比作「寶玉」之器。「若有人將此相來問，又作圓月相中心著土字對之」，即「玄印旨相」。此相與「寶器相」一樣，「不屬教意所攝」，不在言語、文字表達的範疇之內，「說似一物即不中」。也無可傳授，「若有人似個對面付，果然不見」，這其實就是禪宗形而上的真如，人人自心具有的本然佛性。師徒間佛性的印可只可意會，「見而諳會，如子期聽伯牙之琴，提婆見龍樹之相」；而對於那些未能參悟的學人，「對面不識，似巴人聞白雪之歌，鶖子如淨名之會」。〔註106〕而能否參證佛性，一方面是要迴避認知的誤區，也要斷絕來自其它宗門的不良影響，還要看學人自己的根機的「玄利」與「遲鈍」。

　　樸順之的圓相系統，以「○」為架構，將「○」之外比作心性之外的努力，將「○」之內比作在自性圓融的層面，還有許多努力的層次。而這些內外之分，層次遞進，皆不離「已成寶器相」的圓融無礙，從而將禪宗不二觀、自性圓融、頓漸修行觀皆融攝入內，可謂以小見大的範例。樸順之有《三遍成佛篇》，其中提到「證理成佛」、「行滿成佛」、「示顯成佛」，可見他是認可言語文字、人生實踐、生命歷程，皆是成佛的方便入門處。以圓相示機之所以成為可能，在於「在禪宗世界裏，這實在是秘密公開的隱語。」〔註107〕在海東樸順之這裡，圓相既是師門傳承，又貫通他的禪法意旨，故而形成此邏輯嚴密的圓相系統。但其因為太過於死板教條，久之便成為一種意旨模糊的符號，類似言語、文字一樣，反倒是失去了圓相隨機而為的「任處皆真」的原初本質。

二、圓相實證

　　海東樸順之的圓相系統，應對方法，不是憑空想像，而是來自於禪法教育實踐。不過樸順之的禪法教育活動沒記錄使用圓相的案例，反而是在其老

〔註106〕〔南唐〕靜、筠二禪師編撰《祖堂集》卷二十，孫昌武等點校，北京：中華書局 2007 年，第 880 頁。
〔註107〕印順《中國禪宗史》，上海：上海書店 1992 年，第 336 頁。

師的仰山慧寂那裡有頗多實證，如：

> 師因一梵僧來參。師於地上，畫半月相。僧近前，添作圓相，
> 似腳抹卻。師展兩手，僧拂袖便出。〔註108〕

慧寂應對一異域僧人，在地上畫了「半月相」，即樸順之圓相系統中的「∪」舉函索蓋相」。未完成的「∪」半圓就類似一道命題，等待這梵僧解答。梵僧「添作圓相」即將之補充完整為 ○，可見他是懂得仰山這「半月相」是在問他自性是否圓滿的問題，而添畫好的圓相「表諸佛體也」，正是形而上的圓融佛性的最好呈現。隨後梵僧以腳抹去圓相的行為，顯示了極為高超的佛法修為。形而上的佛性可以通過圓相呈現但是並不是圓相本身，因此要不執著，堅持心的獨立省淨。慧寂隨後展開兩手，表示自己無一物持，正是其「思無思」思想的最好腳註。再如：

> 「如何是祖師意？」師以手作圓相，圓相書佛字對。〔註109〕

關於「祖師西來意」即禪宗的教義為何，是禪宗公案之中常見命題。禪師的回答以言語或境示人，如：

> 問：「如何是西來意。」師曰：「即今是甚麼意？」〔註110〕

> 問：「如何是祖師西來意？」師曰：「庭前柏樹子。」〔註111〕

也有以動作作答，如：

> 問：「如何是西來意？」師便打。〔註112〕

> 問：「如何是西來意？」師以手入懷作拳，展開與之。〔註113〕

對於宗門形而上的追溯，禪師常常陷入說與不說的困境。這正如香嚴智閑描述的，「不對他，又違他所問。若對他，又喪身失命。」若是回答了，有做作之嫌疑且辜負學人求心之心；回答了，則難免墮入言語、文字的邏輯推論陷

〔註108〕《袁州仰山慧寂禪師語錄》卷一，《大正藏》第 47 卷，第 586 頁下。

〔註109〕〔南唐〕靜、筠二禪師編撰《祖堂集》卷十八，孫昌武等點校，北京：中華書局 2007 年，第 807 頁。

〔註110〕〔宋〕普濟《五燈會元》卷三，蘇淵雷點校，北京：中華書局 1984 年，第 129 頁。

〔註111〕〔宋〕普濟《五燈會元》卷四，蘇淵雷點校，北京：中華書局 1984 年，第 202 頁。

〔註112〕〔宋〕普濟《五燈會元》卷四，蘇淵雷點校，北京：中華書局 1984 年，第 190 頁。

〔註113〕〔宋〕普濟《五燈會元》卷九，蘇淵雷點校，北京：中華書局 1984 年，第 538 頁。

阰，違背宗門「不立文字」的意旨。無論是言語還是非言語的應答，都表達了一個共同的意思：即佛法在自心，不假外求。在自性參悟的前提下「觸景皆如」，萬事萬物皆可作爲佛法的呈現。此處，仰山慧寂畫一圓相中間寫了一「佛」字，正是樸順之圓相系統中的「**佛**已成寶器相」。楊曾文在《唐五代禪宗史》中對此解釋爲「可能表示達摩西來，只是爲了引導人成佛。」〔註114〕如若依照樸順之的圓相系統，這一圓相代表的是本然自性圓融。再結合禪宗歷來對「西來意」的解答，就可知仰山慧寂的意思在於表達個體佛性本然具足，不必向外尋求。祖師西來，傳達的正是此心法。

　　當然仰山慧寂的圓相運用，要比追求意義相對、逐漸僵化的樸順之的圓相系統更加自由無礙。如：

　　　　仰山閉目坐次，有一僧到師邊侍立。師開門，便於地上作圓相，

　　圓相中書水字，顧視僧，無對。〔註115〕

此處仰山慧寂在圓相中畫「水」字，「也許是喻示如同萬水映月一樣，人人皆有佛性」，〔註116〕禪宗裏常常將形而上的本體「心」或「佛性」比作天上月，而「千江映月」，世間萬物無不具有。仰山以此鼓勵學人向內求證，這也是樸順之圓相系統中「**♀**求空精行相」與「**王**漸證實際相」，要力主解決學人「求心不歇」的問題。仰山慧寂認爲第一義無法經由思維推證獲取，因此在給韋宙畫「已成寶器相」後，特別強調說「左邊，思而知之，落第二頭。右邊，不思而知之，落第三首」。〔註117〕而仰山和尙「拋圓相」的動作，更加彰顯了他以圓相「示徒證理」但絕不執著於圓相本身的立場，與其「思無思」的思想保持著一致。如：

　　　　因一日與師言話次，乃勸云：「師兄須是勤學，佛法不得容易。」

　　師乃作此○相，手拓呈了卻，拋向背後。遂展兩手，就二僧索。二

　　僧罔措。〔註118〕

〔註114〕楊曾文《唐五代禪宗史》，北京：中國社會科學出版社1999年，第491頁。
〔註115〕〔南唐〕靜、筠二禪師編撰《祖堂集》卷十八，孫昌武等點校，北京：中華書局2007年，第807頁。
〔註116〕楊曾文《唐五代禪宗史》，北京：中國社會科學出版社1999年，第491頁。
〔註117〕〔南唐〕靜、筠二禪師編撰《祖堂集》卷十八，孫昌武等點校，北京：中華書局2007年，第806頁。
〔註118〕〔宋〕普濟《五燈會元》卷九，蘇淵雷點校，北京：中華書局1984年，第530頁。

當初仰山慧寂在耽源眞應禪師那裡求學時，就曾用圓相請教，但耽源以其它的非言語行為作答。如：

> 耽源上堂。師出眾作此〇相，以手拓呈了，卻叉手立。耽源以兩手相交作拳示之，師進前三步，作女人拜。耽源點頭，師便禮拜。〔註119〕

仰山慧寂所畫圓相在樸順之的圓形系統中歸為「〇涅槃相」，也名「理佛性相」，意為「佛性」。仰山以此表達自性圓融，遂叉手為禮，待耽源堪驗，耽源「兩手相交作拳示之」。「叉手」是僧人的禮儀，「抱拳」乃俗人的禮儀，耽源以此表達一旦自性圓融，凡聖無別，眞如不二的意旨。仰山隨後以男兒身作女人拜，也是表達其自性認知超越世俗的男女等二分觀，已達圓融之境。在這則公案中耽源眞應與仰山慧寂藉助豐富的非言語動作，進行禪法交流，涉及到圓相的圖示，叉手、作拳、女人拜等身勢行為。可見圓相只是「表相證法」的手段之一，並非一定要以之相對。

〔註119〕〔宋〕普濟《五燈會元》卷九，蘇淵雷點校，北京：中華書局 1984 年，第527 頁。

結　語

　　相對於佛教諸宗，禪宗尤其是南禪一系，對言語、文字反映形而上本體（佛性）的能力持較爲激烈的懷疑與否定態度。中唐以來，禪師在禪法應對過程中有意規避文字言說，否定對形而上本體的傾聽與解釋，主張「不立文字」、「言語道斷」、「擬心即差」，促使學人向內求證「本性自有般若之智，自用智慧。」〔註 1〕但宗門意旨必須予以傳達，故而禪師在禪法啓悟過程之中，使用了副語言、身體姿勢、身體接觸、圖象暗示等非言語的行爲，將形而上的佛性在現象世界中予以呈現，從而以直觀方式達到禪宗「親自現見」的要求，其隨機隨境的未知狀態「把人引誘或是逼迫到不可思議的現象空觀」。〔註 2〕

　　本文依據禪宗語錄，對唐五代時期禪師在接機過程中所使用的非言語行爲予以綜合整理研究，進一步探討其交流達成機制、形成源流、流傳程度，並分析具有代表性的非言語行爲。概括說來，本文結論如下：

　　一、唐五代時期禪師在禪法啓悟過程中，有意識地實施非言語行爲進行禪法思想與立場的傳遞，以此應對形上本體不可言說與宗門宗旨必須傳遞的禪宗自設矛盾。同時，也反對執著非言語行爲，在「立」的同時進行「破」，從而讓大多數非言語行爲的施爲表現爲一個連貫的行爲始末過程。

　　二、唐五代時期禪師在禪法啓悟過程中所使用的非言語行爲教法，基本上符合本門的禪法理路特徵，同時又與禪宗基本立場保持一致。這是某些非言語行爲，如棒打、大喝、沉默等能夠在不同時期、不同地域、不同禪門支

〔註 1〕《六祖大師法寶壇經》卷一《般若》，《大正藏》第 48 卷，第 350 頁中。
〔註 2〕張節末《禪宗美學》，北京：北京大學出版社 2006 年，第 218 頁。

流中一再被重複使用，具備廣泛傳播度的根本原因。

三、禪師禪法啓悟過程中使用的非言語行爲，在重複使用中逐漸形成相對固定的意指，進而成爲意義符號，進入交際範疇，「故德山、臨濟，棒喝交馳，未嘗非文字也；清涼、天台，疏經造論，未嘗非禪也。」〔註3〕與此同時，非言語行爲形而上的指向性卻被消解，從而成爲與文字無異的文化符號。

四、唐五代時期禪師在禪法啓悟過程中所使用的非言語行爲，貫穿著禪宗「非言語」的思維方式與對言說、文字、邏輯推論的批判維度，這深刻影響到後代借鑒禪法理路進行文藝批評的文人，進而豐富了中國古代文藝美學的批判層次。

對於禪宗非言語行爲的研究，還有許多問題值得探討，比如禪師豐富的表情示教就值得專章討論，而禪林的生態環境、禪宗的儀軌與制度，亦可納入這一研究範疇。同時，古典文藝美學中的以禪論詩、以禪論文、以禪論畫、以禪論樂，皆可在禪宗非言語思維即形上本體與言語、文字、思維相互關係上找到正確的解讀途徑，從而開闢新思路。本文目前所做工作僅僅是一個開端。

〔註 3〕真可《石門文字禪序》，真可《紫柏老人集》卷十四，錢塘許靈虛重刊本，1910年，第 2 頁。

參考文獻

一、宗門典籍

1. 《長阿含經》,〔後秦〕佛陀耶舍、竺佛念譯,《大藏經》第 1 卷。
2. 《中阿含經》,〔東晉〕僧伽提婆譯,《大正藏》第 1 卷。
3. 《增一阿含經》,〔東晉〕瞿曇僧伽提婆譯,《大正藏》第 2 卷。
4. 《大莊嚴論經》,〔後秦〕鳩摩羅什譯,《大正藏》第 4 卷。
5. 《摩訶般若波羅蜜經》,〔後秦〕鳩摩羅什譯,《大正藏》第 8 卷。
6. 《金剛般若波羅蜜經》,〔後秦〕鳩摩羅什譯,《大正藏》第 8 卷。
7. 《妙華蓮花經》,〔後秦〕鳩摩羅什譯,《大正藏》第 9 卷。
8. 《大方廣佛華嚴經》,〔東晉〕佛馱跋陀羅譯,《大正藏》第 9 卷。
9. 《大方廣佛華嚴經》,〔唐〕實叉難陀譯,《大正藏》第 10 卷。
10. 《大寶積經》,〔唐〕菩提流志譯,《大正藏》第 11 卷。
11. 《大寶積經》,〔唐〕玄奘譯,《大正藏》第 11 卷。
12. 《大般涅槃經》,〔北涼〕曇無讖譯,《大正藏》第 12 卷。
13. 《佛說方等般泥洹經》,〔西晉〕竺法護譯,《大正藏》第 12 卷。
14. 《大般涅槃經》,〔宋〕慧嚴,《大正藏》第 12 卷。
15. 《維摩詰所說經》,〔後秦〕鳩摩羅什譯,《大正藏》第 14 卷。
16. 《佛說除蓋障菩薩所問經》,〔宋〕法護譯,《大正藏》第 14 卷。
17. 《佛說黑氏梵志經》,〔東吳〕支謙,《大正藏》第 14 卷。
18. 《坐禪三昧經》,〔後秦〕鳩摩羅什,《大正藏》第 15 卷。
19. 《禪秘要法經》,〔後秦〕鳩摩羅什譯,《大正藏》第 15 卷。
20. 《楞伽阿跋多羅寶經》,〔劉宋〕求那跋陀羅譯,《大正藏》第 16 卷。

21.《大乘入楞伽經》，〔唐〕實叉難陀譯，《大正藏》第 16 卷。

22.《大方廣圓覺修多羅了義經》，〔唐〕佛陀多羅譯，《大正藏》第 17 卷。

23.《金剛頂瑜伽略述三十七尊心要》，〔唐〕不空譯，《大正藏》第 18 卷。

24.《諸佛境界攝眞實經》，〔唐〕般若譯，《大正藏》第 18 卷。

25.《妙臂菩薩所問經》，〔唐〕法天譯，《大正藏》第 18 卷。

26.《大樂金剛不空眞實三昧耶經般若波羅蜜多理趣釋》，〔唐〕不空譯，《大正藏》第 19 卷。

27.《楞嚴經》，〔唐〕般剌蜜帝譯，《大正藏》第 19 卷。

28.《施諸餓鬼飲食及水法》，〔唐〕不空譯，《大正藏》第 21 卷。

29.《彌沙塞部和醯五分律》，〔劉宋〕佛陀什、竺道生譯，《大正藏》第 22 卷。

30.《摩訶僧祇律》〔東晉〕佛陀跋陀羅、法顯譯，《大正藏》第 22 卷。

31.《十誦律》〔後秦〕弗若多羅、鳩摩羅什譯，《大正藏》第 23 卷。

32.《大智度論》〔後秦〕鳩摩羅什譯，《大正藏》第 25 卷。

33.《妙法蓮華經憂波提舍》，〔後魏〕菩提留支、曇林譯，《大正藏》第 26 卷。

34.《法華文句經》，〔唐〕湛然，《大正藏》第 34 卷。

35.《大方廣佛華嚴經疏》，〔唐〕澄觀，《大正藏》第 35 卷。

36.《勝鬘寶窟》，〔隋〕吉藏譯，《大正藏》第 37 卷。

37.《注維摩詰經》，〔東晉〕僧肇，《大正藏》第 38 卷。

38.《中觀論疏》，〔隋〕吉藏，《大正藏》第 42 卷

39.《瑜伽論記》，〔唐〕遁倫集撰，《大正藏》第 42 卷。

40.《大乘義章》，〔隋〕慧遠，《大藏經》第 44 卷。

41.《止觀輔行傳弘決》，〔唐〕湛然，《大正藏》第 46 卷。

42.《撫州曹山本寂禪師語錄》，〔明〕郭凝之編集，《大正藏》第 47 卷。

43.《潭州潙山靈祐禪師語錄》，〔明〕語風圓信 郭凝之編，《大正藏》第 47 卷。

44.《袁州仰山慧寂禪師語錄》，〔明〕語風圓信 郭凝之編，《大正藏》第 47 卷。

45.《金陵清涼院文益禪師語錄》，〔明〕語風圓信 郭凝之編，《大正藏》第 47 卷。

46.《鎮州臨濟慧照禪師語錄》，《大正藏》第 47 卷。

47.《圓悟佛果禪師語錄》，《大正藏》第 47 卷。

48.《黃龍慧南禪師語錄》，《大正藏》第 47 卷。

49.《汾陽無德禪師語錄》，《大正藏》第 47 卷。

50.《人天眼目》，〔宋〕智昭撰，《大正藏》第 48 卷。

51.《百丈清規》，〔唐〕懷海撰，《大正藏》第 48 冊。

52. 《宏智禪師廣錄》,《大正藏》第 48 卷。

53. 《碧巖錄》,〔宋〕重顯頌古 克勤評唱,《大正藏》第 48 卷。

54. 《禪源諸詮集都序》,〔唐〕宗密撰,《大正藏》第 48 卷。

55. 《六祖大師法寶壇經》,《大正藏》第 48 卷。

56. 《南宗頓教最上大乘摩訶般若波羅蜜經六祖惠能大師於韶州大梵寺施法壇經》,《大藏經》第 48 卷。

57. 《佛祖歷代通載》,〔明〕念常 集,《大正藏》第 49 卷。

58. 《續高僧傳》,〔唐〕道宣撰,《大正藏》第 50 卷。

59. 《景德傳燈錄》,〔宋〕道原撰,《大正藏》第 51 卷。

60. 《廬山記》,〔宋〕陳舜俞,《大正藏》第 51 卷。

61. 《彥琪證道歌注》,〔唐〕真覺,《大正藏》第 63 卷。

62. 《大乘本生心地觀經箋注》,〔清〕來舟,《卍新纂續藏經》第 5 卷。

63. 《圓覺經大疏鈔》,〔唐〕宗密,《卍新纂續藏經》第 9 卷。

64. 《中華傳心地禪門師資承襲圖》,〔唐〕宗密,《卍新纂續藏經》第 63 卷。

65. 《百丈清規證義記》,〔清〕儀潤 證義,《卍新纂續藏經》第 63 卷。

66. 《宗門十規論》,〔南唐〕文益,《卍新纂續藏經》第 63 卷。

67. 《祖庭事苑》,〔宋〕睦庵 編撰,《卍新纂續藏經》第 64 卷。

68. 《禪宗頌古聯珠通集》,〔宋〕法應編,《大正藏》第 65 卷。

69. 《五家宗旨纂要》,〔清〕性統編,《卍新纂續藏經》第 65 卷。

70. 《禪宗雜毒海》,〔清〕性音,《卍新纂續藏經》第 65 卷。

71. 《宗範》,〔清〕錢伊庵,《卍新纂續藏經》第 65 卷。

72. 《宗門拈古彙集》,〔清〕淨符,《大正藏》第 66 卷。

73. 《正法眼藏》,〔宋〕大慧宗杲,《卍新纂續藏經》第 67 卷。

74. 《馬祖道一禪師廣錄》,《卍新纂續藏經》第 69 卷。

75. 《百丈懷海禪師廣錄》,《卍新纂續藏經》第 69 卷。

76. 《玄沙師備禪師廣錄》,〔宋〕智嚴集,《卍新纂續藏經》第 73 卷。

77. 《指月錄》,〔明〕瞿汝稷集,《大正藏》第 83 卷。

78. 《觀心論》,〔唐〕神會,《大正藏》第 85 卷。

79. 《傳法寶紀》,〔唐〕杜朏,《大正藏》第 85 卷。

80. 《楞伽師資記》,〔唐〕淨覺,《大正藏》第 85 卷。

81. 《曹溪大師別傳》,《卍新纂續藏經》第 86 卷。

82. 《林間錄》,〔宋〕慧洪,《卍新纂續藏經》第 87 卷。

83. 《石門文字禪》,〔宋〕惠洪撰,《四部叢刊》本。

84.《洛陽伽藍記》，〔北魏〕楊衒之撰，楊勇校箋，北京：中華書局 2006 年。

85.《大乘起信論校釋》，〔梁〕眞諦譯，高振農校釋，北京：中華書局 1992 年。

86.《高僧傳》，〔梁〕慧皎撰，湯用彤校注，北京：中華書局 1992 年。

87.《壇經校釋》，郭朋校釋，北京：中華書局 1983 年。

88.《神會和尚禪語錄》，楊曾文注，北京：中華書局 1996 年。

89.《宋高僧傳》，〔宋〕贊寧撰，范祥雍點校，北京：中華書局 1987 年。

90.《祖堂集》，〔南唐〕靜、筠二禪師撰，孫昌武等點校，北京：中華書局 2007 年。

91.《五燈會元》，〔宋〕普濟撰，蘇淵雷點校，北京：中華書局 1984 年。

92.《古尊宿語錄》〔宋〕賾藏主編集，蘇聿父等點校，北京：中華書局 1994 年。

二、基本典籍

1.《晉書》，〔唐〕房玄齡等撰，北京：中華書局 1974 年。

2.《宋書》，〔齊〕沈約撰，北京：中華書局 1974 年。

3.《南齊書》，〔梁〕蕭子顯撰，北京：中華書局 1972 年。

4.《梁書》，〔唐〕姚思廉撰，北京：中華書局 1973 年。

5.《陳書》，〔唐〕姚思廉撰，北京：中華書局 1972 年。

6.《南史》，〔唐〕李延壽撰，北京：中華書局 1975 年。

7.《隋書》，〔唐〕魏徵等撰，北京：中華書局 1973 年。

8.《舊唐書》，〔後晉〕劉昫等撰，北京：中華書局 1975 年。

9.《新唐書》，〔宋〕歐陽修等撰，北京：中華書局 1975 年。

10.《舊五代史》，〔宋〕薛居正等撰，北京：中華書局 1976 年。

11.《新五代史》，〔宋〕歐陽修等，北京：中華書局 1974 年。

12.《宋史》，〔元〕脫脫等撰，北京：中華書局 1977 年。

13.《全唐文》，北京：中華書局 1983 年。

14.《全唐詩》，北京：中華書局 1960 年。

15.《全宋詩》，北京：北京大學出版社 1998 年。

16.《全宋文》，上海：上海辭書出版社 2006 年。

17.《文淵閣四庫全書》，臺北：臺灣商務印書館 199 年。

18.《太平廣記》，〔宋〕李昉等編，北京：中華書局 1986 年。

19.《歷代詩話》，〔清〕何文煥輯，北京：中華書局 1981 年。

20.《歷代詩話續編》，丁福保輯，北京：中華書局 1983 年。

21.《清詩話續編》，郭紹虞主編，上海：上海古籍出版社 1999 年。

22.《清詩話》，王夫之等撰，上海：上海古籍出版社 1999 年。

23.《《宋詩話全編》，吳文治主編，南京：鳳凰出版社 1998 年。

24.《十三經注疏》，〔唐〕孔穎達正義，阮元校刻，北京：中華書局 1980 年。

25.《中國歷代文論選》，郭紹虞主編，上海：上海古籍出版社 2001 年。

26.《文心雕龍》，〔南朝〕劉勰著，范文瀾注，北京：人民文學出版社 2006 年。

27.《夷堅志》，〔宋〕洪邁，北京：中華書局 1981 年。

28.《蘇軾文集》，〔宋〕蘇軾著、孔凡禮校點，北京：中華書局 1986 年。

29.《朱子語類》，〔宋〕黎靖德，北京：中華書局 1986 年。

30.《王文公文集》，〔宋〕王安石，上海：上海人民出版社 1975 年。

31.《太極圖說解》，〔宋〕朱熹《朱子全書》，上海：上海古籍出版社；合肥：安徽教育出版社 2002 年。

32.《後村詩話》，〔宋〕劉克莊，北京：中華書局 1983 年。

33.《瀛奎律髓彙評》，〔宋〕方回，上海：上海古籍出版社 1986 年。

34.《滄浪詩話校釋》，〔宋〕嚴羽著，郭紹虞校釋，北京：人民文學出版社 2005 年。

35.《安雅堂稿》，〔明〕陳子龍，遼寧教育出版社 2003 年。

36.《原詩 一瓢詩話 說詩晬語》，〔清〕葉燮等著，霍松林等校注，北京：人民文學出版社 1979。

三、一般典籍

1.《禪宗全書》，藍吉富主編，北京：北京圖書館出版社 2004 年。

2.《佛學大辭典》，丁福保編，北京：文物出版社 1984 年。

3.《中國佛學源流略講》，呂澂著，北京：中華書局 1979 年。

4.《中國佛教史》，蔣維喬著，上海：上海古籍出版社 2007 年。

5.《隋唐佛教史稿》，湯用彤著，南京：江蘇教育出版社 2007 年。

6.《漢魏兩晉南北朝佛教史》，湯用彤著，北京：北京大學出版社 1997 年。

7.《中國佛教史》，任繼愈著，北京：中國社會科學出版社 1985 年。

8.《中國禪宗史》，印順著，上海：上海書店 1992 年。

9.《唐五代禪宗史》，楊曾文著，北京：中國社會科學出版社 1999 年。

10.《中國禪宗通史》，杜繼文、魏道儒著，南京：江蘇人民出版社 2007 年。

11.《中國禪學思想史》，〔日〕忽滑谷快天著，朱謙之譯，上海：上海古籍出版社 1994 年。

12.《原始佛教的語言問題》，季羨林著，北京：中國社會科學出版社 1985 年。

13. 《中國禪思想史——從 6 世紀到 9 世紀》，葛兆光著，北京：北京大學出版社 1998 年。

14. 《中國佛教哲學要義》，方立天著，北京：中國人民大學出版社 2002 年。

15. 《中國禪宗思想史略》，麻天祥著，北京：中國人民大學出版社 2007 年。

16. 《中國禪宗思想歷程》，潘桂明著，北京：今日中國出版社 1992 年。

17. 《禪宗思想的形成與發展》，洪修平著，南京：江蘇古籍出版社 2000 年。

18. 洪修平：《中國禪學思想史》，北京：中國人民大學出版社 2007 年。

19. 《禪史鈎沈——以問題爲中心的思想史論述》，龔雋著，北京：三聯書店 2006 年。

20. 《洪州禪》，蘇樹華著，北京：宗教文化出版社 2005 年。

21. 《馬祖道一與中國禪宗文化》，楊曾文主編，中國社會科學出版社 2006 年。

22. 《馬祖道一禪法思想研究》，邱環著，成都：巴蜀書社 2007 年。

23. 《中國佛教思想資料選編》，石峻等編，北京：中華書局 1987 年。

24. 《禪宗語言和文獻》，于谷著，南昌：江西人民出版社 1995 年。

25. 《禪宗語言》，周裕鍇著，杭州：浙江人民出版社 1999 年。

26. 《禪宗語言概論》，張美蘭著，臺北：五南圖書出版有限公司 1998 年。

27. 《宗說俱通 佛教語言觀》，劉澤亮著，北京：宗教文化出版社 2007 年。

28. 《禪思與詩情》，孫昌武著，北京：中華書局 1997 年。

29. 《佛教與中國文學》，孫昌武著，上海：上海人民出版社 2007 年。

30. 《佛道詩禪》，賴永海著，北京：中國青年出版社 1990 年。

31. 《禪學與唐宋詩學》，杜松柏著，臺北：臺灣黎明文化事業有限公司 1978 年。

32. 《中國禪宗與詩歌》，周裕鍇著，上海：上海人民出版社 1992 年。

33. 《禪與詩學》，張伯偉著，杭州：浙江人民出版社 1992 年。

34. 《禪宗與中國文學》，謝思煒著，北京：中國社會科學出版社 1993 年。

35. 《禪宗詩歌境界》，吳言生著，北京：中華書局 2001 年。

36. 《初盛唐佛教禪學與詩歌研究》，張海沙著，北京：中國社會科學出版社 2002 年。

37. 《佛教禪宗與唐代詩風之發展演變》，胡遂著，北京：中華書局 2007 年。

38. 《禪學與藝境》，劉墨著，石家莊：河北教育出版社 2002 年。

39. 《隋唐五代文學思想史》，羅宗強著，北京：中華書局 1999 年。

40. 《禪和文化與文學》，季羨林著，北京：商務印書館 1998 年。

41. 《中國美學思想史》，敏澤著，北京：中國社會科學出版社 2007 年。

42. 《禪宗美學史稿》，皮朝綱著，成都：電子科技大學出版社 1994 年。

43. 《禪宗的美學》，皮朝綱、董運庭著，臺北：麗文文化事業有限公司 1995 年。

44. 《禪宗美學》，張節末著，北京：北京大學出版社 2007 年。

45. 《禪與中國藝術精神的嬗變》，黃河濤著，北京：商務印書館 1994 年。

46. 《中國佛教與美學》，周祖蔭著，武漢：華中師範大學出版社 1991 年。

47. 《佛教美學》，祁志祥著，上海：上海人民出版社 1997 年。

48. 《中國佛教表現藝術》，王志遠著，北京：中國社會科學出版社 2006 年。

49. 《禪與唐宋作家》，姚南強著，南昌：江西人民出版社 1998 年。

50. 《唐代士大夫與佛教》，郭紹林著，西安：三秦出版社 2005 年。

51. 《佛教戒律學　中國化的禪宗規範》，勞政武著，北京：宗教文化出版社 1999 年。

52. 《晨鐘暮鼓　清規戒律　節日風俗　法器僧服》，趙慧珠著，上海：上海古籍出版社 2003 年。

53. 《佛教戒律與中國社會》，嚴耀中著，上海：上海古籍出版社 2007 年。

54. 《中古的佛教與社會》，劉淑芬著，上海：上海古籍出版社 2008 年。

55. 《禪與中國園林》，任曉紅著，北京：商務印書館 1994 年。

56. 《唐五代佛寺輯考》，李芳民著，北京：商務印書館 2006 年。

57. 《中國佛教百科全書》，賴永海主編：上海：上海古籍出版社 2001 年。

58. 《從西方哲學到禪佛教》，傅偉勳著，北京：三聯書店 1989 年。

59. 《禪悟的實證　禪宗思想的科學發凡》，周昌樂著，北京：東方出版社 2006 年。

60. 《百僧一案》，周裕鍇著，上海：上海古籍出版社 2007 年。

61. 《佛教與中國文化》，文史知識編輯部，北京：中華書局 2005 年。

62. 《淨法與佛塔》，湛如著，北京：中華書局 2006 年。

63. 《老子校注》，朱謙之著，北京：中華書局 1984 年。

64. 《莊子今注今譯》，陳鼓應著，北京：中華書局 1983 年。

65. 《世說新語校箋》，徐震堮校箋，北京：中華書局 1984 年。

66. 《中國文學史》，袁行霈主編，北京：高等教育出版社 1999 年。

67. 《中國文學史》，章培恒主編，上海：復旦大學出版社 1996 年。

68. 《中國文學批評史》，郭紹虞著，天津：百花文藝出版社 1999 年。

69. 《中國文學批評史新編》，王運熙、顧易生著，上海：復旦大學出版社 2001 年。《朱自清古典文學論文集》，上海：上海古籍出版社 1981 年。

70.《談藝錄》，錢鍾書著，北京：中華書局 1984 年。

71.《中國文化史導論》，錢穆著，北京：商務印書館 1994 年。

72.《新版中國古代思想史論》，李澤厚著，天津：天津社會科學院出版社 2008 年。

73.《華夏美學》，李澤厚著，天津：天津社會科學院出版社 2002 年。

74.《禪與悟》，聖嚴著，上海：上海三聯書店 2006。

75.《寒山詩注》，項楚著，北京：中華書局 2000 年。

76.《江西詩派研究》，莫礪鋒著，濟南：齊魯書社 1986 年。

77.《語言哲學》，陳嘉映著，北京：北京大學出版社 2003 年。

78.《朝向事情本身——現象學導論七講》，張祥龍著，北京：團結出版社 2003 年。

79.《言說與沉默 維特根斯坦《邏輯哲學論》中的命題學說》，李國山著，天津：南開大學出版社 2004 年。

80.《理論符號學導論》，李幼蒸著，北京：社會科學文獻出版社 1999 年。

81.《非言語交際概論》，李傑群主編：北京大學出版社 2004 年。

82.《跨文化非語言交際》，畢繼萬著，北京：外語教學與研究出版社 1998 年。

83.《感性的詩學：梅洛龐蒂與法國哲學主流》，楊大春著，北京：人民出版社 2005 年。

84.《文化符號學導論》，龔鵬程著，北京：北京大學出版社 2005 年。

85.《社會語言學》，陳原著，上海：學林出版社 1983 年。

86.《哥德爾、艾舍爾、巴赫》，侯世達著，北京：商務印書館 1997 年，第 70 頁。

四、譯著及外文文獻

1.《禪與西方思想》，〔日〕阿部正雄著，王雷泉、張汝倫譯，上海：上海譯文出版社 1989 年。

2.《通向禪學之路》，〔日〕鈴木大拙著，葛兆光譯，上海：上海古籍出版社 1990 年。

3.《禪與心理分析》，〔日〕鈴木大拙、〔美〕弗洛姆著，孟祥森譯，北京：中國民間文藝出版社 1986 年。

4.《禪與生活》，〔日〕鈴木大拙著，劉大悲譯，北京：光明日報出版社 1988 年。

5.《禪風禪骨》，〔日〕鈴木大拙著，耿仁秋譯，北京：中國青年出版社 1989 年。

6.《中印禪宗史》，〔日〕孤峰智璨著，臺北：海潮音社 1972 年。

7. 《邏輯哲學論》，〔英〕路得維希・維特根斯坦，郭英譯，北京：商務印書館 1962 年。

8. 《哲學研究》，〔英〕路得維希・維特根斯坦著，陳嘉映譯，上海：上海人民出版社 2001 年。

9. 《論語言的起源》，〔法〕讓——雅克・盧梭著，洪濤譯，上海：上海人民出版社 2003 年。

10. 《普通語言學教程》，〔瑞士〕費爾迪南・德・索緒爾著，高名凱譯，北京：商務印書館 1980 年。

11. 《在通向語言的途中》，〔德〕海德格爾著，孫周興譯，北京：商務印書館 1997 年。

12. 《不可言說的言說 我們時代的上帝問題》，〔瑞士〕H・奧登著，林克等譯，北京：三聯書店 1994 年。

13. 《非言語交流》，〔美〕洛雷塔・A・馬蘭德羅、拉里・巴克著，孟小平等譯，北京：北京語言學院出版社 1991 年。

14. 《視覺思維——審美直覺心理學》，〔美〕阿恩海姆著，滕守堯譯，北京：光明日報出版社 1987 年。

15. 《東方民族的思維方法》，〔日〕中村元著，林太、馬小鶴譯，杭州：浙江人民出版社 1989 年。

16. 《現象學的方法》，〔德〕埃德蒙德・胡塞爾著，倪梁康譯，上海：上海譯文出版社 2005 年。

17. 《現象學入門：反思性分析》，〔美〕萊斯特・恩布里著，靳希平等譯，北京：北京大學出版社 2007 年。

18. 《自我的超越性——一種現象學描述初探》，〔法〕讓保爾・薩特著，杜小真譯，北京：商務印書館 2001 年。

19. 《人的宗教》，〔美〕休斯頓・史密斯著，劉安雲譯，海南出版社 2006 年

20. 《知覺現象學》，〔法〕莫里斯・梅洛龐蒂著，姜志輝譯，北京：商務印書館 2005 年。

21. 《小邏輯》，〔德〕黑格爾，賀麟譯，北京：商務印書館 1980 年。

22. 《純粹理性批判》（第二版），〔德〕康德著，鄧曉芒譯，北京：人民出版社 2004 年，第 20 頁。

23. 《謎米機器》，〔英〕蘇珊・布萊克摩爾著，高申春譯，長春：吉林人民出版社 2001 年。

24. 《圓的歷史：數學推理與物理宇宙》，〔美〕澤布羅夫斯基著，李大強譯，北京：北京理工大學出版社 2003 年。

25. 《古希臘羅馬哲學》，北京大學哲學系外國哲學史教研室編譯，北京：商務印書館 1982 年。

26.《象徵之旅：符號及其意義》，〔英〕JackTresidder 著，石毅等譯，北京：中央編譯出版社 2001 年。

27.《美學原理》，〔意〕克羅齊著，朱光潛譯，上海：上海人民出版社 2007 年。

28.《中國詩畫語言研究》，〔法〕程抱一，涂衛群譯，南京：江蘇人民出版社 2006 年。

29. Phenomenology of Perception Roulrdge, Maurice Merleau-Ponty, 2002.

五、論文

1.《宋代寺院經濟研究序》，何茲全著，《學術界》2003 年 6 月。

2.《嚴羽詩論諸說》，童慶炳著，《北京師範大學學報》1997 年第 2 期

3.《論「妙悟」》，張毅著，《文藝理論研究》1984 年第 4 期。

4.《嚴羽審美理論三題》，皮朝綱著，《四川師院學報》1981 年第 4 期。

5.《禪宗與維特根斯坦語言哲學的語用詮釋》，陳海葉著，《四川大學學報》2007 年第 1 期。

附錄一：禪宗手勢啟悟 [註1]

作勢禪師	示勢對象	作勢緣起	手勢行為	示勢結果
道信	法融	遠庵，唯見虎狼之類。	舉兩手作怖勢。	法融無語。
道林	學眾	在法會上	振錫而入。	韜光法師問曰：「此之法會，何以作聲？」師曰：「無聲誰知是會。」
	會通	曰：「如何是和尚佛法。」	師於身上拈起布毛吹之。	（會通）遂頓悟玄旨。
牛頭處來僧	破竈墮（師）	問曰：「來自何人法會。」	僧近前叉手，遶師一匝而出。	
		師曰：「牛頭會下，不可有此人。」	僧乃回師上肩叉手而立。	師曰：「果然，果然。」

〔註1〕此表格依據〔宋〕普濟《五燈會元》（蘇淵雷點校，北京：中華書局 1984 年）整理。

人物	言語	非言語行為	回應
	師曰：「猶是未見四祖時道理，見後道將來。」	僧卻遶師一匝而出。	師曰：「更不信，更不信。」
	師曰：「順正之道，今古如然。」	僧作禮。	
惠能		師乃以拂子打之曰：「一處如是，千處亦然。」 僧乃叉手近前，應喏一聲。	
慧忠		初到振錫，繞祖三匝，振錫而立。	（慧忠）師曰：「汝既如是，吾亦如是。」
應真（師）		繞禪床三匝，振錫而立。 谷又振錫。	（慧忠）師叱曰：「這野狐精出去。」
百丈懷海	師曰：「車在這裡，牛在甚麼處？」	文殊額。 師乃目。	
須菩提尊者	者曰：「（此華）從何得邪？」	釋乃舉手。	者曰：「如是，如是。」
賓頭盧尊者	王乃問：「承聞尊者親見佛來，是否？」	者以手策起眉，曰：「會麼？」	王曰：「不會。」
傅大士	梁武帝請誌講金剛經。	士纔升座，以尺揮按一下，便下座。	
	大士一日披衲、頂冠、靸履朝見。帝問：「是僧邪？」	士以手指冠。	
	帝曰：「是道邪？」	士以手指靸履。	帝愕然。

拾得子	帝曰：「是俗邪？」	土以手指衲衣。	
寺主	一日掃地，寺主問：「汝名拾得，因豐干拾得汝歸。汝畢竟姓個甚麼？」	拾得放下掃帚，叉手而立。	
	主再問。	拾得拈掃帚掃地而去。	寒山搥胸曰：「蒼天，蒼天。」
馬祖道一（師）	師問百丈：「汝以何法示人？」	丈豎起拂子。	
	丈曰：「祗這個，為當別有？」	丈拋下拂子。	
	師曰：「即此用，離此用。」 祖曰：「汝向後開兩片皮，將何為人？」	師取拂子豎起。	
	祖曰：「即此用，離此用。」	師掛拂子於舊處。	祖振威一喝，師值得三日耳聾。
溈山和尚（時溈山在會下作典座。）	司馬頭陀舉野狐話問典座：「作麼生？」	座撼門扇三下。	司馬曰：「大麤生。」座曰：「佛法不是這個道理。」
百丈懷海（師）	問：「如何是佛？」……	師乃舉起拂子曰：「還見麼？」	曰：「見。」師乃不語。
趙州和尚	「如何是覷覷非外？」	州作吃飯勢。	
	「如何是寂寥非內？」	州以手作拭口勢。	
黃檗希運	師曰：「更有一人，居何國土？」	檗以手作叉手立。	
南泉普願（師）	師見僧斫木次。	師乃擎木三下。	僧放下斧子。歸僧堂。
杉山和尚	師曰：「不用指東指西，直下本分事道來。」	山插火箸叉手。	師曰：「雖然如是，猶較王老師一線道。」

禪師	對象	緣起	行為	回應
南泉普願（師）	學僧	一僧洗鉢次	師乃奪卻鉢，其僧空手而立。	師曰：「鉢任我手裏，汝口喃喃作什麼？」僧無對。
南泉普願（師）	學僧		師拈起球子問僧：「那個何似這個？」	……曰：「若問某甲見處，和尚放下手中物。」
南泉普願（師）	學僧	洗衣次。僧問：「和尚猶有這個在？」	師拈起衣曰：「爭奈這個何？」	
齊安國師	講僧	有講僧來參，師問座主：「蘊何事業？」對曰：「講華嚴經。」師曰：「有幾種法界？」曰：「廣說則重重無盡，略說有四種。」	師豎起拂子曰：「這個是第幾種法界？」	主沈吟，師曰：「思而知，慮而解，是鬼家活計。日下孤燈，果然失照。」
歸宗智常（師）	學僧	曰：「如何是觀音妙智力？」	師敲鼎蓋三下。曰：「還聞否？」	曰：「聞。」師曰：「我何不聞？」僧無語。師以棒趁下。
歸宗智常（師）	官人	師因官人來。	乃拈起帽子兩帶曰：「還會麼？」	曰：「不會。」師曰：「莫怪老僧頭風，不卸帽子。」
歸宗智常（師）	雲巖	雲巖來參。	師作挽弓勢。	
			岩良久、作拔劍勢。	師曰：「來太遲生。」
歸宗智常（師）	僧眾	問：「如何是觀音行？」	師乃彈指曰：「諸人還聞否？」	曰：「聞。」師曰：「一隊漢向這裡覓甚麼？」以棒趁出，大笑歸方丈。
歸宗智常（師）	李渤	問：「一大藏教，明得個甚麼邊事？」	師舉拳示之，曰：「還會麼？」	曰：「不會。」師曰：「還會麼？」曰：「不會。」師曰：「這個措大，舉頭也不識。」
章敬懷暉（師）	學僧	曰：「和尚作麼生？」	師以手撮空三下。	曰：「作麼生即是？」師曰：「汝向後會去在。」
石鞏慧藏	僧眾		師住後常以弓箭接機。	

人物	公案內容	手勢	回應
西堂和尚（師） 石鞏慧藏	師問西堂：「汝還解捉得虛空麼？」堂曰：「捉得。」師曰：「作麼生捉？」	堂以手撮虛空。	師曰：「汝不解捉。」
石鞏慧藏 學僧	眾參次。師曰：「適來水底甚麼處去也？」有僧曰：「在。」師曰：「在甚麼處？」	僧彈指一聲。	
亮長老	湖塘亮兗長老問：「承聞師兄畫得先師真，暫請瞻禮。」	師以兩手擘開示之。	亮便禮拜。
大義禪師（師） 學僧	曰：「如何是禪？」	師以手點空。	法師無對。
無等禪師（師） 王常侍	一日謁州牧王常侍，薛退將出門。牧召曰：「和尚。」師回顧。	牧敲柱三下。	
無等禪師（師）	（師）謂眾曰：「大眾，適來向甚麼處去也？」	師以手作圓相，復三撥之，便行。	
學僧		有一僧豎起指頭。	師曰：「珍重。」
龐居士（師）	師曰：「居士也不得一向言說。」士曰：「一向言說，師又失宗。若作兩向三向，師還開得口否？」師曰：「直是開口不得，可謂實也。」	士撫掌而出。	
石頭希遷	師曰：「和尚祇劃得這個，不劃得那個。」	頭提起劃子，師接得，便作劃草勢。	頭曰：「汝祇劃得那個，不解劃得這個。」師無對。
南泉普願	泉指淨瓶曰：「銅瓶是瓶。不得動著境中有水，不得動著，與老僧將水來。」	師拈起淨瓶，向泉面前寫。	泉便休。

非言語行為之語言（師）	情境	非言語行為	結果
水塘和尚　歸宗智常	宗曰：「和尚幾時生。」	師豎起拂子。	宗曰：「這個豈有生邪？」師曰：「會得即無生。」曰：「未會任。」師無語。
石林和尚　龐居士	見龐居士來，	乃豎起拂子曰：「不落丹霞機，試道一句子。」	
	士曰：「這個問訊，不覺落他便宜。」	士奪卻拂子，卻自豎起拳。	師曰：「正是丹霞機。」
		師乃掩耳。	
黑澗和尚　學僧	曰：「如何是密室中人？」	師乃換手槌胷。	
水潦和尚		有僧作一圓相，卻指其僧上。	
學僧		師乃三撥，亦作一圓相，卻指其僧。	僧便禮拜。師打曰：「這屢頭漢。」
趙州和尚	州令僧問：「如何是趙州眼？」	婆乃豎立拳頭。	僧回，舉似趙州。州作偈曰：「當面當機疾，覿面當機疾。報汝淩行婆，哭聲何得失。」
石頭希遷　龐居士	唐貞元初謁石頭，乃問：「不與萬法為侶者是甚麼人？」	頭以手掩其口。	谿然有省。
百丈懷海　黃檗希運	丈問：「還見大蟲麼？」師便作虎聲。	丈拈斧作斫勢。	師即打一摑，丈吟吟而笑，便歸。
南泉普願　黃檗希運	泉問：「甚麼處去？」曰：「擇菜去。」泉曰：「將甚麼擇？」	師豎起刀。	泉曰：「大家擇菜去。」
	泉曰：「祇解作賓，不解作主。」	師以刀點三下。	

禪師	學人	機緣	手勢	結果
常觀禪師	學僧	僧辭，師曰：「甚麼處去？」曰：「臺山去。」	師豎一指曰：「若見文殊了，卻來這裡與汝相見。」	僧無語。
常觀禪師	學僧	又僧辭。師曰：「汝諸方去，莫謗老僧在這裡。」曰：「某甲不道老和尚在這裡。」師曰：「汝道老僧在甚麼處？」	僧豎起一指。	師曰：「早是謗老僧也。」
通禪師	學人	有人問師：「是禪師否？」師曰：「貧道不曾學禪。」師良久，召其人，其人應諾。	師指指櫻欄樹子。	其人無對。
道禪師	學人	有人來謁，乃曰：「久聆和尚道德，忽承法體違和，略請和尚相見。」	師將缽鎮盛缽楮，令侍者擎出呈之。	其人無對。
慧禪師	瑫上座	與瑫上座煎茶次。	師敲繩床三下。瑫亦敲三下。	
涅槃和尚	僧眾	一日謂眾曰：「汝等與我開田，我與汝說大義。」眾開田了，歸請師說大義。	師乃展兩手。	眾罔措。
趙州和尚	學僧	問：「如何是祖師意？」	師敲床腳。	僧曰：「祇這莫便是否？」曰：「是。」即脫取去。
庵主		師到一庵主處，問：「有麼，有麼？」	主豎起拳頭。	師曰：「水淺不是泊船處。」便行。
庵主		又到一庵主處，問：「有麼，有麼？」	主亦豎起拳頭。	師曰：「能縱能奪，能殺能活。」便作禮。

茱萸山和尚（師）	靈崖上座		上堂，拏起一橛竹曰：「還有人從空裏釘得橛麼？」	時有靈崖上座出眾曰：「這空是橛。」
義端禪師	學僧	上堂，僧問：「如何是直截根源？」	師擲下竹，便下座。	
西禪和尚	學僧	僧問：「三乘十二分教則不問，如何是祖師西來的的意？」	師乃擲下拄杖，便歸方丈。	其僧不禮拜。
南泉普願	僧眾	泉粥後問典座：「行者在甚處？」座曰：「當時便去也。」	師舉拂子示之。泉便打破鍋子。	
道常禪師	學僧	僧問：「如何是西來意？」	師舉拄杖，曰：「會麼？」	曰：「不會。」師便打。
睦州陳尊宿（師）	秀才	秀才訪師，稱會二十四家書。	師以拄杖空中點一點，曰：「會麼？」	秀才罔措。
睦州陳尊宿（師）	童子	又問童曰：「作麼生是你斧頭？」	童遂作斫勢。	師曰：「斫你老爺頭不得。」
睦州陳尊宿（師）	學僧	問：「以字不成，八字不是，是何章句？」	師彈指一聲，曰：「會麼？」	曰：「不會。」
靈觀禪師	學僧	引面次，僧參。	師引面示之。	僧便去。
法真禪師	大潙和尚	一日問曰：「闍黎在老僧此間，不會問一轉話。」師曰：「教某甲向甚麼處下口？」潙曰：「何不道如何是佛？」師曰：「何不道如何是佛？」	師便作手勢掩潙口。	潙歎曰：「子真得其髓。」

禪師	學人	情境／問	手勢動作	結果
法真禪師	學僧	庵側有一龜，僧問：「一切眾生皮皮裹骨，這個眾生甚為骨裹皮。」	師拈草履覆龜背上。	僧無語。
法真禪師	學僧	問：「如何是諸佛法要？」	師舉拂子曰：「會麼？」	曰：「不會。」師曰：「塵尾拂子。」
法真禪師	學僧	問：「僧甚處去？」曰：「峨嵋禮普賢去。」	師舉拂子曰：「文殊、普賢總在這裡。」僧作圓相拋向後，乃禮拜。	師喚侍者取一貼茶與這僧。
如敏禪師	學僧	僧問：「佛法至理如何？」	師展手而已。	
天龍和尚	俱胝和尚		龍豎一指示之，師當下大悟。	
俱胝和尚	俱胝和尚		此凡有學者參問，師唯舉一指，無別提唱。	
陳操尚書	學僧	又齋僧次，躬自行餅。	一僧展手擬接，公卻縮手。	僧無語。公曰：「果然，果然。」
青原行思	石頭希遷	師復問遷：「汝甚處來？」曰：「曹溪。」	師乃舉拂子曰：「曹溪還有這個麼？」	曰：「非但曹溪，西天亦然。」
石頭希遷	江西來僧	師問新到：「從甚麼處來？」曰：「江西來。」師曰：「見馬大師否？」曰：「見。」	師乃指一橛柴曰：「馬師何似這個？」	僧無對。
希遷	江西來僧	師問僧：「甚處來？」曰：「江西來。」		
藥山惟儼	江西來僧	師問僧：「甚處來？」曰：「江西來。」	師以拄杖敲禪床三下。	僧曰：「某甲粗知去處。」
藥山惟儼			師拋下拄杖。	僧無語。師召侍者：「點茶與這僧。」
雲岩		師與雲岩遊山，腰間刀響。岩問：「甚麼物作聲？」	師抽刀驀口作勢。	

丹霞天然	馬祖道一		纔見祖，師以手托襆頭額。	祖顧視良久，曰：「南岳石頭是汝師也。」
龐居士	丹霞天然（師）	師與龐居士行次，見一泓水，士以手指曰：「便與麼也還辨不出。」師曰：「灼然是辨不出。」	士乃戽水，潑師三掬。	師曰：「莫與麼，莫與麼。」士曰：「須與麼，須與麼。」
			師卻戽水潑士三掬。	
大顛寶通	韓愈	韓文公一日相訪，問師：「春秋多少？」	師提起數珠，曰：「會麼？」	公曰：「不會。」
三平和尚	韓愈	「佛法省要處，乞師一語。」師良久，公罔措。	時三平為侍者，乃敲禪床三下。	師曰：「作麼？」平曰：「先以定動，後以智拔。」
李行婆	長髭曠禪師	「無過的人作麼生？」	婆乃豎拳曰：「與麼？總成顛倒。」	師曰：「實無諱處。」
學僧	長髭曠禪師	師見僧，乃擒住曰：「師子兒？野狐精？」	僧以手作掜眉勢。	師曰：「雖然如此，猶欠吽吽在。」僧擒住師曰：「偏愛行此一機。」師與一摑。
			僧拍手三下。	師曰：「若見同風，汝甘與麼否？」曰：「終不由別人。」
			師作掜眉勢。	僧欠吽吽在。師曰：「想料不由別人。」
振朗禪師	長髭曠禪師	師曰：「孤負去也。」曰：「師何不鑒？」	師乃拭目而見之。	僧無語
龐居士	大同濟禪師	師曰：「粥飯底僧，一任檢責。」	士鳴指三下。	僧無語

名	官人	問	手勢	反應
舟子德誠（師）	官人	有官人問：「如何是和尚日用事？」	師竪橈子曰：「會麼？」	官人曰：「不會。」
高沙彌	藥山惟儼	山曰：「如何是第一和？」	師就桶舀一杓飯便出。	
藥山惟儼	李翱	問曰：「如何是道？」	山以手指上下，曰：「會麼？」	守曰：「不會。」山曰：「雲在青天水在瓶。」
性空禪師	學僧	僧參人事畢。師曰：「與麼下去，還有佛法道理也無？」師曰：「某甲結舌有分。」師曰：「老僧又作麼生？」曰：「素非好手。」	師便仰身合掌。	
			僧亦合掌。	僧拂袖便出。
拔雲和尚	仙天禪師	師曰：「祇與麼也難得。」曰：「莫是未見時麼？」師便喝。	師乃撫掌三下。	師曰：「錯怪人者有甚麼限？」
普光禪師	學僧	僧侍立次。	雲展兩手。	
			雲掩耳而出。	師曰：「死卻這漢平生也。」
石鞏慧藏	三平義忠	師陞法席。羣曰：「看箭。」師乃撥開胷曰：「此是殺人箭，活人箭又作麼生？」	師以手開胷曰：「還委老僧事麼？」師剞掩胸而顯。「不妨大顯。」鞏禪弓弦三下。	曰：「猶有這個在。」師乃禮拜。
石頭希遷	石室善道	師曰：「不將刀來。」	頭乃抽刀倒與	
石室善道	仰山和尚	曰：「畢竟如何的當，可信可依？」	師以手撥空三下曰：「無恁麼事，無恁麼事。」	

寶蓋和尚	漸源仲興	一日，寶蓋和尚來訪。	師便發起簾子，在方丈內坐。	蓋一見乃卻簾，便歸客位。	師令侍者傳語：「長老遠遠來不易，猶隔簾逢待者。」蓋摘住待者，與一掌。
夾山善會	侍者	師吃茶了，自烹一碗，過與侍者。	者擬接，師乃縮手。曰：「是甚麼？」		者無對。
茂源禪師	平田	因平田參。師欲起身，田乃把住曰：「開口即失，閉口即喪。去此二途，請師速道。」	師以手掩耳。		
強禪師	景欣禪師	師回，卻下牛問曰：「二禪客近離甚麼處？」強曰：「那邊。」師曰：「那邊事作麼生？」	強提起茶盞。		師曰：「此猶是這邊事。那邊事作麼生？」強無對。
洪薦禪師	學僧	問：「拖屍送師，師還接否？」	師以手拍香臺。		
		僧禮拜，師曰：「禮拜則無，其中事作麼生？」	僧卻拍香臺		師曰：「舌頭不出口。」
苑暉禪師	學僧	僧問：「不假言語音緣，請師道。」	師嵩火爐曰：「會麼？」		曰：「不會。」師曰：「瞎漢。」
元安禪師	學僧	問：「如何是西來意？」	師以拂子擊禪床曰：「會麼？」		曰。不會。
	學僧	問：「動是法王苗，寂是法王根。根苗即不問，如何是法王？」	師舉拂子		僧曰：「此猶是法王苗。」師曰：「龍不出洞，誰人奈何？」
清平禪師	合珪禪師	師乃禮拜。	平以手斫師頭一下。		從此頭言。
感溫禪師	侍者	師遊山見蟬蛻，侍者問曰：「殼在這裡，蟬向甚麼處去也？」	師拈殼就耳畔搖三五下，作禪聲。		侍者於是開悟。

人物	對象	緣起／問	手勢／動作	結語
學僧		問僧：「甚處來？」曰：「五臺。」師曰：「還見文殊麼？」	僧展兩手。	師曰：「展手頗多，文殊誰覩？」
寶性大師		因同參芙蓉訓禪師至。	上堂，以右手拈拄杖，倚放左邊。	良久曰：「此事若不是芙蓉師兄，也大難委悉。」便下座。
芙蓉訓禪師	學僧	僧問：「久向鐵索，未審作何面目？」	主打露柱。	
鐵索山主		僧曰：「謝見示。」主曰：「你據個甚麼便恁麼道？」	僧卻打露柱。	
	學僧	主曰：「且道柰任恁麼處？」	僧作量勢。	主曰：「今日遇個同參。」
一庵主	學僧	昔有一庵主，見僧來豎起火筒曰：「會麼？」		曰：「不會。」主曰：「三十年用不盡底。」僧卻問：「三十年前用個甚麼？」主無對。
天皇道悟	僧眾	至晦日大眾問疾，師驀召典座。座近前。師曰：「會麼？」曰：「不會。」	師拈枕子拋於地上，即便告寂。	
湖潭寶峯	岩頭處來僧		師豎起拂子曰：「落在此機底人，未具眼在。」	僧擬近前，師曰：「落在此機。」
岩頭全豁（師）	仰山和尚	自杭州大慈山遷造於臨濟，屬濟歸寂，乃謁仰山。	纔入門，提起坐具曰：「和尚。」	仰山取拂子擬舉。
				師曰：「不妨好手。」
岩頭全豁	世人	師住鄂州岩頭。值沙汰，於湖邊作渡子。兩岸各掛一板，有人過渡，打板一下。師曰：「阿誰？」或曰：「要過那邊去。」	師乃舞棹迎之。	

禪師	對象	言語情境	非言語行為	後續
雪峰義存	學僧	問僧：「甚處來？」曰：「江西。」師曰：「與此間相去多少？」曰：「不遙。」	師豎起拂子曰：「還隔這個麼？」	日：「若隔這個，即遙去也。」師便打出。
靈雲和尚	學僧	參靈雲，問：「佛未出世時如何？」	雲豎起拂子。	
		日：「出世後如何？」	雲亦豎拂子。	
雪峰義存	學僧（即參靈雲僧）	其僧卻回。師曰：「返太速乎？」曰：「某甲到彼，問佛法不契，乃回。」師曰：「汝問甚麼事？」僧舉前話。師曰：「汝問，我為汝道。」僧便問：「佛未出世時如何？」	師豎起拂子。	
		日：「出世後如何？」	師放下拂子。	僧禮拜，師便打。
雪峰義存	闡王	闡王問曰：「擬欲蓋一所佛殿去時如何？」師曰：「大王何不蓋取一所空王殿？」曰：「請師樣子。」	師展兩手。	
雪峰義存	玄沙師備	玄沙請師曰：「某甲如今大用去，和尚作麼生？」	師將三個木球一時拋出。	
	玄沙師備		沙作斫牌勢。	
雪峰義存	玄沙師備	一日升座，眾集定。	師輥出木球。	玄沙遂捉來安舊處。師曰：「你親在靈山方得如此。」沙曰：「也是自家事。」
雪峰義存	玄沙師備	師一日在僧堂內燒火，閉卻前後門，乃叫曰：「救火，救火。」	玄沙將一片柴從窗欞中拋入。	師便開門。

禪師	學僧	機緣	手勢／動作	結語
雪峰義存	學僧	問:「拈槌豎拂，不當宗乘。未審和尚如何？」	師驀起拂子。	師不顧。
雪峰義存	學僧	上堂，舉拂子曰：「這個為中下。」僧問：「上上人來時如何？」	師舉拂子。	僧曰：「這個為中下。」師便打。
德山宣鑒	瓦棺利尚	在德山為侍者。一日，同入山斫木。	山將一椀水與師，師接得便吃卻。山曰：「會麼？」師曰：「不會。」	
			山又將一椀水與師，師又接吃卻。山曰：「會麼？」師曰：「不會。」	
羅山道閑	高亭簡禪師	參德山。隔江纔見，便云：「不審。」	山乃搖扇招之。	師忽開悟，乃橫趨而去，更不回顧。
聖壽嚴禪師	學僧	問：「當鋒事如何辨明？」	師舉如意。	
玄沙師備	學僧	補衲次。僧參。	師提起示之曰：「山僧一柄衲衣，展似眾人見。雲水兩條分，莫教露針線。速道，速道。」	僧無對
玄沙師備	學僧	問：「古人拈槌豎拂，還當宗乘也無？」師曰：「不當。」曰：「古人意作麼生？」	師舉拂子。	
小唐長老	玄沙師備	師南遊，莆田縣排百戲迎接。師問小塘長老：「昨日許多喧鬧，向甚處處去也？」	塘提起衲衣角。	師曰：「料掉沒交涉。」

訛上座	長慶慧棱	師曰：「作麼生是上座本分事？」	訛乃提起衲衣角。	師曰：「為當祇這個，別更有？」
長慶慧棱	學僧	問：「如何得不疑不惑去？」	師乃展兩手。	僧不進語。
長慶慧棱		師曰：「汝更問，我與汝道。」僧再問。	師乃露胸而坐。	僧便拜。
長慶慧棱	安國和尚	師曰：「師號來邪？」曰：「來也。」師曰：「是甚麼號？」曰：「明真。」	師乃展手。	
長慶慧棱	僧眾	師入僧堂，舉起疏頭曰：「見即不見，還見麼？」	眾無對。	
閩帥夫人崔氏（練師）		師明日入府，練師曰：「昨日謝大師回信。」師曰：「卻請昨日回信看。」	練師展兩手。	
保福從展	學僧		師拈一塊土，度與僧曰：「拋向門前著。」	僧拋了卻來，曰：「甚麼處是某甲糶心處？」師曰：「我見爾策著臨著，所以道汝糶心。」
神晏興聖			師釋然了悟，亦忘其了心，唯舉手搖曳而已。	
道怤順德	學僧	新到參。	師拈起拂子。	僧曰：「久向鏡清，猶有這個在。」師曰：「鏡清今日失利。」
行者	道怤順德	師住庵時，有行者至。	徐徐近繩床，取拂子提起。問：「某甲喚這個作拂子，庵主喚作甚麼？」／行者乃擲卻拂子曰：「著甚死急。」	師曰：「不可更安名立字也。」

道悟順德	浴頭	普請鋤草次。浴頭請師浴，師請師浴，師不顧。如是三請。	師舉鑱作打勢	
保福從展	浴頭（同上）	頭後到保福，舉前語了。	福以手掩其口。	頭便走，師召曰：「來，來。」頭回首，師回首，師曰：「向後遇作家，分明舉似。」
學僧	道悟順德（師）	師曰：「如今作麼生？」	僧舉拳。	師曰：「我輸汝也。」
道悟順德	學僧	問：「如何是同相？」	師將火筯插向爐中。	
道悟順德	童子	曰：「如何是別相？」	師又將火筯插向一邊。	
學僧	道悟順德	童子點茶來，師啜了，過盞橐與童子。	子近前接，師卻縮手曰：「不可喚作拳頭也。」還道得麼？	子曰：「問將來。」
弘琰明真	學僧	問僧曰：「一語須具得失兩意，汝作麼生道？」	僧舉拳曰：「亦喚這個作拳頭。」	師不肯，亦舉拳頭云：「祇為喚這個作拳頭。」
學僧	弘琰明真	問：「如何是一毛頭事？」	師拈起袈裟。	
道溥弘教（師）	學僧	問：「初心後學，近入叢林。乞師指示。」	師敲門枋。	
		僧曰：「向上還有事也無？」師曰：「有。」曰：「如何是向上事？」	師再敲門枋。	
金輪可觀	學僧	問：「如何是日用事？」	師拊掌三下。	僧曰：「學人未領此意，更待甚麼？」
玄通禪師	學僧	僧問：「驪龍頷下珠如何取得？」	師乃拊掌瞬視。	
		問：「方便以前事如何？」	師便推出。	

禪師	對象	言語（問）	非言語行為	後續言語
皎然禪師	學僧	僧問：「古人有言，煩惱即佛性，無明是無明，如何是煩惱不須除，即佛性？」曰：「如何是煩惱不須除，即佛性？」	師忿然作色，舉拳阿曰：「今日打這師僧去也。」	師曰：「未審此意如何？」師曰：「不是好種。」
鵝湖智孚	學僧	問：「雪峰拋下拄杖，意作麼生？」	師以手掌頭曰：「這師僧得恁麼發人業。」	
師鬱悟真	學僧	僧問：「如何是西來意？」	師以手把起抛向地。	僧曰：「不會。」師曰：「吃茶去。」
南院和尚	張百會	有儒者博覽古今，時呼為張百會。師問：「莫是張百會麼？」曰：「不敢。」	師舉拂子。	曰：「不會。」師曰：「一僧不會，甚麼處得百會來？」
洞巖可休	學僧	問：「如何是向上一路？」	師以手於空畫一畫曰：「會麼。」	
鶴山和尚	學僧	僧問：「如何是憩鶴？」	師舉衣領示之。	
孚上座	雪峰義存	峰一日見師，乃指日示之。	師以兩手翻手云：「鸒鴝鳴。」	峰曰：「汝不肯我那？」師曰：「和尚搖頭，某甲擺尾。甚麼處是不肯？」峰曰：「到處也，須諱卻。」
孚上座	鼓山和尚	山與扇子，再敍前話。	師搖手而出。師搖扇前不對，山呵潙，乃騙師一拳。	
玄泉和尚	論機超慧	後到玄泉，問：「如何是祖師西來意？」	泉拈起一莖皂角曰：「會麼？」泉放下皂角，作洗衣勢。	師曰：「不會。」師便禮拜曰：「信知佛法無別。」

明招德謙	學僧	新到參，纔上法堂。	師舉拂子卻擲下。	其僧珍重，便下去。師曰：「作家，作家。」
明招德謙	國泰禪師	師問國泰：「古人道俱胝祇念三行咒，便得名超一切人。作麼生與他拈卻三行咒，便得名超一切人？」	泰豎起一指。	師曰：「不因今日，爭識得瓜洲客？」
定慧禪師 羅山道閒		山來日上堂，師出問：「豁開戶牖，當軒者誰？」山曰：「毛羽未備，師無語。」師曰：「毛羽未備且去。」	師因而搆衣。	
義昭禪師	學僧	新到參。	師揭簾以手作除帽勢。	僧擬議欲近前，師曰：「賺殺人。」
羅山義因	學僧	僧問：「承古有言，自從認得曹溪路，了知生死不相關。曹溪路即不問，如何是羅山路？」	師展兩手。	
	學僧	僧曰：「恁麼則一路得通，諸路亦然？」師曰：「甚麼諸路？」	僧近前叉手。	師曰：「靈龜曳尾天外，鈍烏不離巢。」
桂琛禪師	學僧	師見僧。	舉拂子曰：「還會麼？」	曰：「謝和尚慈悲示學人。」師曰：「見我豎起拂子，便道示學人。汝每日見山見水，可不示汝。」
	學僧	又見僧來。	舉拂子。	其僧讚歎禮拜。師曰：「見我豎起拂子，便禮拜讚歎。那裡掃地豎起掃帚，為甚麼不讚歎？」

禪師	對象	問話	動作	結果
寶資曉悟	學僧	僧問：「學人初心，請師示個入路。」	師遂側掌示之曰：「還會麼？」	曰：「不會。」師曰：「獨掌不浪鳴。」
鷲嶺明遠	學僧	僧問：「無一法當前，應用無虧時如何？」	師以手卓火。	
子興明悟禪師	學僧	問：「古人拈布毛意作麼生？」師曰：「闍黎舉不全。」曰：「如何舉得全？」	師乃拈起袈裟。	
儀晏開明禪師	訥禪師	子湖訥禪師，未知師所造淺深。問曰：「子所住定，蓋小乘定耳。」	時方啜茶，師呈起橐曰：「是大是小？」	訥默然。
安國和尚	學僧	本州島人也。初參安國，見僧問：「如何是萬象之中獨露身？」	國舉一指。	其僧不薦。
志端禪師	安國和尚	師於是冥契玄旨，乃入室白曰：「適來見那僧問話，志端甚有個省處。」國曰：「汝見甚麼道理？」	師亦舉一指曰：「這個是甚麼？」	國然之，師禮謝。
安國院祥禪師	學僧	問：「應物現形，如水中月。如何是月？」	師提起拂子。	
潙山靈祐	仰山慧寂	仰山問：「如何是祖師西來意？」	師指燈籠曰：「大好燈籠。」	
仰山慧寂	潙山靈祐	師摘茶次，謂仰山曰：「終日摘茶祇聞子聲，不見子形。」	仰撼茶樹	師曰：「子祇得其用，不得其體。」

溈山靈祐	仰山慧寂	師過淨瓶與仰山，山擬接。	師卻縮手曰：「是甚麼？」	仰曰：「和尚還見個甚麼？」師曰：「若恁麼，何用更就吾覓。」仰曰：「雖然如此，仁義道中與和尚提瓶挈水，亦是本分事。」師乃過淨瓶與仰山。
仰山和尚	溈山靈祐	師問仰山：「何處來？」仰曰：「田中來。」師曰：「禾好刈也未？」	仰作禾勢。	
仰山慧寂	石霜會下有二禪客	石霜會下有二禪客到，云：此間無一人會禪。	後普請搬柴，仰山見二禪客，將一橛柴問曰：「還道得麼？」	俱無對。仰曰：「莫道無人會禪好。」
溈山靈祐	仰山慧寂（師）	有施主送絹與溈山。師問：「和尚受施主如是供養，將何報答？」	溈山敲禪床示之。	師曰：「和尚何得將眾人物作自己用？」
溈山靈祐	仰山慧寂		溈山一日見師來，即以兩手相交過，各竪三下，卻竪一指。	
			師亦以兩手相交過，各竪三下，卻向胸前仰一手覆一手，以目瞻視。	溈山休去。
仰山慧寂	學僧		師見僧來，竪起拂子。	僧便喝。
仰山慧寂	僧眾	師住東平時，溈山令僧送書並鏡與師。	師上堂，提起示眾曰：「且道這是東平鏡？是溈山鏡？若道東平鏡，又是溈山送來；若道溈山鏡，又在東平手裏。道得則留取，道不得則撲破去也。」	師遂撲破，便下座。

人物	身分	問話	動作	回應
仰山慧寂	學僧	師問僧:「近離甚處?」曰:「南方。」	師舉拄杖曰:「彼中老宿還說這個麼?」	曰:「不說。」師曰:「既不說這個,還說那個否?」曰:「不說。」師曰:「不說這個。」
仰山慧寂	學僧	師召大德,僧應諾。師曰:「參堂去。」僧便出。師復召曰:「大德。」僧回首,師曰:「近前來。」僧近前。	師以拄杖頭上點一下,曰:「去。」	
仰山慧寂	陸希聲	公至法堂,又問:「不出魔界便入佛界時如何?」	師以拂子倒點三下。	公便設禮。
仰山慧寂	龐居士	龐居士問:「久向仰山,到來為甚卻覆?」	師豎起拂子。	
		士曰:「恰是。」師曰:「是仰是覆?」	士乃打露柱,曰:「雖然無人,也要露柱證明。」	曰:「若到諸方,一任舉似。」
仰山慧寂	學僧	師臥次。僧問曰:「身還解說法也無?」師曰:「我說不得,別有一人說得。」曰:「說得底人在甚麼處?」	師推出枕子。	
	學僧	師攜拄杖行次,僧問:「和尚手中是甚麼?」	師便拈拄杖向背後,曰:「見麼?」	僧無對。
香嚴智閑	學僧	問:「天堂地獄相去幾何?」	師將拄杖畫地一畫。	
	學僧	問:「如何是仙陀婆?」	師敲禪床曰:「過這裡來。」	
	學僧	問:「如何是現在學?」	師以扇子旋轉示之,曰:「見麼?」	僧無對。
		問:「如何是正命食?」	師以手撮面示之。	僧無語。

仰山慧寂	學僧	問：「如何是直截根源佛所印？」	師拋下拄杖，散手而去。	
		問：「如何是西來意？」	師以手入懷作拳，展開與之。	
			僧乃跪膝，以兩手作受勢。	師曰：「是甚麼？」僧無對。
神英首座	定山神英	師見首座洗衣，遂問：「作甚麼？」	座提起衣示之。	師曰:「洗底是甚衣？」座曰：「關中使鐵錢。」師喚維那，移下座掛搭著。
延慶山法端	學僧	僧問：「蚯蚓斬爲兩段，兩頭俱動。佛性在阿那頭？」	師展兩手。	
元康和尚	石樓和尚	師曰:「見則見矣，動則不動。」樓曰：「盡力道不出定也。」	師拊掌三下。	
王敬初常侍	米和尚	視事次，米和尚至。	公乃舉筆示之。	
		米曰：「還判得虛空否？」	公擲筆入宅，更不復出。	
		米曰：「請常侍舉。」	公乃豎起一隻筯。	米曰:「這野狐精。」公曰:「這漢徹也。」
仰山西塔光穆	學僧	問：「如何是頓？」	師作圓相示之。	
		曰：「如何是漸？」	師以手空中撥三下。	
仰山南塔光湧	學僧	曰：「如何是文殊師？」	師豎起拂子。	
		僧曰：「莫祇這便是麼？」	師放下拂子，叉手。	
學僧	霍山景通	師問僧：「甚麼處來？」	僧提起坐具。	師曰：「龍頭蛇尾。」
順支了悟	學僧	僧問：「如何是西來意？」	師豎拂子。	
		僧曰：「莫這個便是？」	師放下拂子。	

名稱	對象	問	非言語行為	結果
正觀和尚	學僧	僧問。如何是毗盧師。	師攔胷與一拓。	
大安山清幹	學僧	僧問:「從上諸聖，從何而證?」	師乃斫所額。	
廬山雙溪田道者	學僧	僧問:「如何是啐啄之機?」	師以手作啄勢。	
資福如寶禪師	學僧	問:「如何是一塵入正受?」	師作入定勢。	
資福如寶禪師	學僧	問:「如何是一路涅槃門?」	師彈指一聲，又展開兩手。	
資福如寶禪師	僧眾		師一日拈起蒲團，示眾曰:「諸佛菩薩、入理聖人，皆從這裡出。」便擲下，擘開兩手。	眾無對。
			師一日將蒲團於頭上，曰:「汝諸人恁麼時難共語?」	眾無對，師將些子較些子。
芭蕉山慧清禪師	僧眾	上堂。	拈拄杖示眾曰:「你有拄杖子，我與你拄杖子。你無拄杖子，我奪卻你拄杖子。」	靠拄杖下座。
義初明微禪師	學僧	問:「如何是道?」	師展兩手示之。	
吉州福壽和尚	學僧	僧問:「祖意教意，是同是別?」	師展手。	
潭州鹿苑和尚	學僧	上堂。	展手曰:「天下老和尚，諸上座，總在這裡。」	座命根。
清涼文益	桂琛	藏曰:「山河大地，與上座自己是同是別?」師曰:「別。」	藏豎起兩指。	
		師曰:「同。」	藏又豎起兩指，便起去。	

禪師	對象	情境	手勢動作	結果／對話
清涼文益	悟空禪師	師與悟空禪師向火。	拈起香匙，問曰：「不得喚作香匙，兄喚作甚麼？」	空曰：「香匙。」師不肯。空後二十餘日，方明此語。
清涼文益	學僧	僧參次。	師指簾。	時有二僧同去卷，師曰：「一得一失。」
清涼泰欽法燈	廬山來僧	問：「新到近離甚處？」僧曰：「廬山。」	師拈起香合曰：「廬山還有這個也無？」	僧無對。師自代云：「尊者來禮拜和尚。」
清涼泰欽法燈	僧眾	上堂。	乃舉衣袖曰：「會麼？大眾，此是手舞足蹈，莫道五百生前曾為樂棊。或有疑情，請垂見示。」	
正勤院希奉禪師	學僧	問：「如何是和尚圓通？」	師敲禪床三下。	
智依宣法禪師	學僧		師舉拳曰：「作麼生？」	曰：「和尚收取。」師曰：「放闍黎七棒。」
學僧	古賢院諲禪師	問僧曰：「唯一堅密身，一切塵中現。如何是堅密身？」	僧營指。	師曰：「現則現，你作麼生會。」僧無語。
大寧院慶王禪師	學僧	上堂：「生死涅槃，猶如昨夢。釋迦老子有甚麼長處？雖然如是，莫錯會好。」	拍手一下。	便下座。
黃檗希運	臨濟義玄	師栽松次。檗曰：「深山裏栽許多松作甚麼？」師曰：「一與山門作境致，二與後人作標榜。」	檗豎起钁起曰：「紙這個天下人拈殺不起」	師就手掣得，豎起曰：「為甚麼卻任某甲手裏？」
臨濟義玄	黃檗希運		道了，將钁頭●地三下。	檗曰：「雖然如是，子已吃吾三十棒了也。」

臨濟義玄	洛浦和尚	浦曰：「如何是不二之理？」	師一日拈拂示洛浦曰：「萬種千般，不離這個。其理不二。」師再拈起拂示之。師又●地三下，噓一噓。	檗曰：「吾宗到汝，大興於世。」
臨濟義玄	學僧		師見僧來，豎起拂子。	僧禮拜，師便打。
臨濟義玄	學僧		又有僧來，師亦舉拂子。	僧不顧，師亦打。
臨濟義玄	學僧		又有僧來參，師舉拂子。	僧曰：「謝和尚指示。」師亦打。
	學僧	上堂，僧問：「如何是佛法大意？」又僧問：「如何是佛法大意？」	師豎起拂子。師亦豎拂子。	僧便喝，師便打。僧便喝，師亦喝。僧擬議，師便打。
學僧	興化存獎	師曰：「橫身當宇宙，誰是出頭人？」	僧便作引頸勢。	師曰：「嗄。」僧曰：「啘。」便語眾。
仰山慧寂	官人	仰山因有官人相訪，山問：「官居何位？」曰：「推官。」	山豎起拂子曰：「還推得這個麼？」	官人無對。
臨濟義玄	大覺和尚	參臨濟。	濟纔見，豎起拂子。濟擲下拂子。	師展坐具。師收坐具。
幽州譚空和尚	僧眾		師以手向空點一點，曰：「大眾，還有人辯得麼？若有辯得者，出來對眾道看。」	師良久，曰：「頂門上眼，鑒不破。」便下座。

襄州歷村和尚	學僧	師煎茶次。僧問:「如何是祖師西來意?」	師舉起茶匙。	
	學僧	僧曰:「莫秖這便當否?」	師擲向火中。	
虎溪庵主	學僧	僧到相看,師不顧。道庵主有此機鋒。」	師鳴指一下。	僧曰:「是何宗旨?」師擲打。
參訪老人	桐峯庵主	有老人入山參。師曰:「住在甚處?」僧曰:「老人不語。師曰:「能對對機。「	老人地上拈一枝草示師。	師便喝。
南院慧顒禪師	學僧	僧參。	師舉拂子。	
		僧曰:「今日敗缺。」	師放下拂子。	僧曰:「猶有這個在。」師便打。
思明和尚	南院慧顒禪師	師曰:「汝從許州來,為甚卻收得江西剗刀?」	明把師手招一招。	
		師曰:「侍者收取。」	明以衣袖拂一拂便行。	
淄州水陸和尚	學僧	問:「猻路相逢時如何?」	師便攔胸拓一拓。	
竹園山和尚	學僧	僧問:「久向和尚會禪,是否?」師曰:「是。」僧曰:「蒼天,蒼天。」	師近前,以手掩僧口,曰:「低聲,低聲。」	
			僧打一掌,便拓開。	
南院主	風穴延沼禪師	師參南院,入門不禮拜。院曰:「入門須辯主。」師曰:「端的請師分。」	院於左膝拍一拍。	師便喝。
			院於右膝拍一拍。	師又喝。

禪師	學僧			
風穴延沼	學僧	僧便問：「如何是和尚箭？」	師作彎弓勢	僧禮拜。師曰：「拖出這死漢。」
			「欲識闍黎麼？」右邊一拍曰：「這裡是。」	
			「欲識老僧麼？」左邊一拍曰：「這裡是。」	
首山省念（師）	白兆楚和尚	因白兆楚和尚至汝州宣化、風穴師令師往傳語。	纔相見，提起坐具，便問：「展即是，不展即是。」	兆曰：「自家看取。」師便喝。
廣慧院歸省禪師	學僧	師一日升座，僧問：「纔上法堂來時如何？」	師拍禪床一下。	
首山省念	廣慧院元璉禪師	到首山。山問：「近離甚處？」師曰：「漢上。」	山豎起拳曰：「漢上還有這個麼？」	僧曰：「未審此意如何？」師曰：「無人過價，打與三百。」
		師曰：「這個是甚麼怨鳴聲？」山曰：「瞎。」	師曰：「恰是。」拍一拍便出。	
仁王院處評禪師		問首山：「如何是佛法大意？」山便喝。	師禮拜，山拈棒。	
		師曰：「老和尚沒世界那。」	山拋下拄杖曰：「明眼人難謾。」	師曰：「草賊大敗。」
智門洞宗禪師	北塔僧使	北塔僧使點茶次。師起身揖曰：「僧使近上坐。」僧曰：「鷂子頭上，爭敢安巢？」	師曰：「棒上不成龍。」使曰：「鷂打一坐具。」隨後	
石霜楚圓慈明	大年	師曰：「恰是。」年復喝。	師以手拍掌一劃。	年吐舌曰：「真是龍象。」
		年拊膝曰：「這裡是甚麼所在？」	師拍掌曰：「也不得放過。」	年大笑。

石霜楚圓圓慈明	僧眾	上堂：「我有一言，絕慮忘緣。巧說不得，祇要心傳。更有一語，無過直舉。且作麼生是直舉一句？」	良久，以拄杖畫一畫，喝一喝。
石霜楚圓慈明	僧眾		示眾，以拄杖擊禪床一下云：「大眾還會麼？」歸眾。
	學僧	問：「磨礱三尺劍，去化不平人。師意如何？」師曰：「好去。」僧曰：「點。」師曰：「你看。」	僧拍手一下，歸眾。 師曰：「了。」
慧覺廣照禪師	僧眾	上堂。	擊禪床，下座。
	僧眾	上堂。	上堂，拈起拄杖曰。
	僧眾		上堂，拈拄杖曰。 卓拄杖下座。
	僧眾	上堂：「雖然如是，官不容針。……」	遂敲禪床一下曰。
	僧眾	上堂：「三世諸佛不知有，狸奴白牯卻知有。」	乃拈起拂子云。
		上堂：「沙裏無油事可哀，翠巖餪餪嬰孩。」	擊禪床下座。
法華院全舉禪師	學僧	曰：「不涉程途一句，作麼生道？」	師以坐具摵一摵曰：「杜撰長老，如麻似粟。」 拂袖而出。
天聖皓泰禪師	琅邪	邪打師一坐具，師亦打邪一坐具。	邪接住曰：「適來一坐具，是山僧合行。上座一坐具，落在甚麼處？」

龍潭智圓禪師	汾陽	陽曰：「彼現那吒，又作麼生？」	師便拽拄杖。	陽喝曰：「這回全體分付。」
法遠圓鑒禪師	僧眾	上堂：「天得一以清，地得一以寧，君王得一以治天下。衲僧得一，禍患臨身。」	擊禪床，下座。	
臺穎達觀禪師	僧眾		拈拄杖卓一下。曰：「須是莫被拄杖瞞始得。看看拄杖子，……」又卓一下。	
	僧眾	上堂：「……」良久曰：「且道三世諸佛是誰奴婢？」	乃將拂子畫一畫曰：「……」師乃自唾一唾。	
	僧眾	上堂。	舉拄杖作釣魚勢，曰：「深水取魚長信命，不曾捞酒祭江神。」	擲拄杖。下座。
學僧	永福院延照禪師	僧問：「如何是彭州境？」師曰：「人馬合雜。」	僧以手作拽弓勢。	師拈棒，僧擬議，師便打。
學僧	學僧	曰：「莫便是和尚為人處也無？」	師彈指一下。	
堅上座	李遵勗	公曰：「上座為甚麼著草鞋睡？」	座以衣袖一拂。	公低頭曰：「今日可謂降伏也。」
廣慧和尚	楊億	公曰：「請和尚別一轉語。」	慧以手作拽鼻勢，曰：「這畜生更踏跳在。」	公於言下脫然無疑。
環大師	楊億	又一日，問曰：「某四大將欲離散，大師如何相救？」	環乃槌胸三下。	公曰：「賴遇作家。」

禪師	對象	機緣	手勢動作	話語
大寧道寬禪師	學僧	有僧造師之室，問：「如何是露地白牛？」	師以火筯插火爐中，曰：「會麼？」	曰：「不會。」師曰：「頭不欠，尾不剩。」
道吾悟真	學僧	僧問：「和尚近日尊位如何？」師曰：「粥飯頭不了事。」僧無語。	師鳴指一下。	
大溈德幹禪師	僧眾	上堂。	卓拄杖，下座。	
白鹿山顯端禪師	僧眾	上堂。	以拄杖擊禪床一下。	
雲峯文悅禪師	僧眾	上堂。	擊禪床下座。	
	僧眾	上堂。	上堂，拈起拄杖曰。	
	僧眾	上堂。	卓拄杖下座。	
	僧眾	上堂。	以拂子擊禪床，下座。	
	僧眾	上堂。	以拂子擊禪床。	
	僧眾	上堂。	拈拄杖打禪床一下。曰：「須彌山百雜碎即不問，你且道婆竭羅龍王年多少？」	
洞山子圓	學僧	上堂。	有僧出抛下坐具。	師曰：「一釣便上。」
	學僧		僧提起坐具。	師曰：「弄巧成拙。」
道臻淨照禪師	學僧	上堂。	上堂，拈拄杖。	
玉泉謂芳禪師	學僧	僧問：「從上諸聖，以何法示人？」	師拈起拄杖。	僧曰：「學人不會。」師曰：「兩手分付。」僧擬議，師打。
本覺若珠禪師	學僧	僧問：「如何是道？」	師舉起拳。	僧曰：「學人不會。」師曰：「拳頭也不識。」

禪師	對象	語言	非言語行為
瑞巖智才禪師	學僧		拈拄杖卓一下，曰：「諸禪者，這拄杖子晝夜為諸人說不等法門。」
懷賢圓通禪師	學僧	僧問：「師揚宗旨，得法何人？」	師拈拄起拂子。
	學僧	僧曰：「鐵甕城頭曾印證，碧溪崖畔相燈讎。」	師拂一拂，曰：「聽事不真，喚鐘作甕。」
達觀和尚	李端願	觀曰：「生從何來？」公罔措。	觀起揣其胸曰：「祇在這裡，更擬思量個甚麼？」
慕喆真如禪師	僧眾	上堂。	以拄杖擊香臺一下曰：「墮，墮。」
	僧眾	上堂。	拈起拄杖曰：「一塵纔起，大地全收。」
			卓一下曰：「妙喜世界百雜碎，且道不動如來即今在甚麼處？」
	僧眾	上堂。	拈起拄杖曰。
棲賢繼超禪師	僧眾	上堂。	拈拄杖。良久曰。
			卓一下曰：「蘇嚧蘇嚧。」
普融道平禪師	僧眾		遂拈拄杖曰：「不是向人誇伎倆，丈夫爭致合如斯。」
			卓拄杖，下座。
慶善院昌能禪師	僧眾	上堂。	拈拄杖曰。

禪師	對象	機緣	手勢	結果
萬壽法詮禪師	學僧	曰：「三寶外，還別有爲人處也無？」	師舉起一指。良久曰：「有意氣時添意氣，不風流處也風流。」卓拄杖一下。	僧曰：「不會。」師曰：「指在唯觀月，風來不動幡。」
開福崇哲禪師	僧眾	上堂。	擲拂子，召侍者曰：「因甚打下老僧拂子？」	
鴻福德升禪師	僧眾	上堂。	卓拄杖，下座。	
香山道淵禪師	僧	上堂。	卓拄杖曰：「且道這個是何佛事？」	
溈山和尚	洞山良價	師曰：「某甲未明，乞師指示。」	溈豎起拂子曰：「會麼？」	師曰：「不會，請和尚說。」
雲巖和尚	洞山良價	師曰：「某甲爲甚麼不聞？」	巖豎起拂子曰：「還聞麼？」	師曰：「不聞。」
雪峰義存	洞山良價		雪峰般柴次，乃於師面前拋下一束。	師叕次示之。
曹山本寂	學僧	師一日入僧堂向火。有僧曰：「今日好寒。」師曰：「須知有不寒者。」曰：「誰是不寒者？」	師拋下火。	僧曰：「莫道無人好。」
曹山本寂	學僧	問：「於相何眞？」師曰：「即相即眞。」曰：「當何顯示？」 問：「魯祖面壁，用表何事？」	師豎起拂子。師以手掩耳。	僧曰：「某甲到這裡卻不會。」
潭州大溈	疎山匡仁	師出問：「如何是不落聲色句？」	溈豎起拂子。	師曰：「此是落聲色句。」

主體	對象	問話／語境	非言語動作	回應
踈山匡仁		溈山次日上堂師出問：「……如何是法身向上事？」	溈放下拂子。	歸方丈，師不契。
		溈曰：「如何是法身向上事？」	溈舉起拂子。	師曰：「此猶是法身邊事。」
	僧眾		師奪拂子，折折擲向地上，便歸眾。	
居遁證空（師）			師常搖木蛇。	有僧問：「手中是甚麼？」師提起曰：「曹家女。」
居遁證空（師）	翠微和尚	師又問翠微：「如何是祖師意？」微曰：「與我將禪板來。」	師遂過禪板，微微接得便打。	師曰：「打即任打，要且無祖師意。」
	臨濟和尚	又問臨濟：「如何是祖師意？」濟曰：「與我將蒲團來。」	師乃過蒲團，濟接得便打。	師曰：「打即任打，要且無祖師意。」
九峯普滿	學僧	問：「九峯一路，今古咸知。向上宗乘，請師提唱。」	師豎起拂子。	僧曰：「大眾側聆，願垂方便。」
欽山文邃	學僧	曰：「作生是師眼？」	師以手作揖勢。	
欽山文邃	學僧	僧參。	師豎起拳曰：「開即成掌，五指參差。如今爲拳，必無高下。汝道欽山還通商量也無？」	僧近前，卻豎起拳。
從志玄明	學僧	問：「千峯萬峯，那個是金峯？」	師乃斫額。	
	學僧	拈起枕子，示僧曰：「一切人喚作枕子，金峯道不是。」僧曰：「未審和尚喚作甚麼？」	師拈起枕子。	
從志玄明	學僧	僧掃地次。師問：「作甚麼？」	僧豎起苕箒。	

禪師	對象	機緣問答	手勢示機	（續）
從志玄明	學僧	師曰：「猶有這個在。」曰：「和尚適來見個甚麼？」	師豎起拄杖。	
光慧玄悟	學僧	師曰：「忽有人問，你作麼生？」	師見僧來，乃舉手曰：「此是大人分上事，你試通通個消息看。」僧提起袈裟角。	師曰：「捷弱於闍黎。」
廣利容禪師	僧眾	初住貴溪，僧參。	上堂。舉拄杖曰：「從上皆留此一路，方便接人。」	
佛日本空	夾山和尚	山便同師下到堂中。	師舉拂子曰：「貴溪老僧還具眼麼？」師遂取拄杖攛在面面前。	曰：「某甲不敢見和尚過。」
龍光諲禪師	學僧	問：「掇盡見佛時如何？」	師拊掌顧視。	
佛手巖行因	學僧	僧問：「如何是對現色身？」	師豎起一指。	
守欽圓照	學僧	曰：「鏡破臺亡時如何？」	師豎起拳。	
五峰紹絪禪師	學僧	僧問：「如何是第一義？」	師拍禪床云：「若不是仙陀，千里萬里。」	
廣德義禪師	學僧	問：「時人有病醫王醫，醫王有病甚人醫？」	師展手曰：「與我診候看。」	
雲頂德敷	學僧	曰：「一一口吸盡西江水即不問，諸師吞卻那階前下馬臺。」	師展兩手唱曰：「細抹將來，營將猛省。」	
圓鑒禪師	投子義青	一日問曰：「汝記得話頭話麼？試舉看。」師擬對。	鑒掩其口。師了然開悟，遂禮拜。	

禪師	對象	問（上堂）	動作	結果
福嚴審承	李相公	問：「如何是祖師西來意？」	師指庭前栢樹	公如是三問，師如是三答。公欣然。
芙蓉道楷	投子義青	再拜便行。子曰：「且來，闍黎。」師不顧，子曰：「汝到不疑之地邪？」	師即以手掩耳。	
芙蓉道楷	僧眾	上堂。	拈拄杖曰：「這裡薦得。」	
	僧眾	上堂。	乃舉手作搓勢。	擊禪床一下。
	僧眾	上堂。	拈起拄杖曰。	卓拄杖、下座。
福應文禪師	僧眾	上堂。	拈拄杖曰。	
丹霞子淳	僧眾		擊禪床下座	
闉提惟照	僧眾		以拄杖卓一下曰。	
眞歇清了	僧眾	上堂。	拈拄杖曰。	卓拄杖曰。
天封子歸	僧眾	上堂。	撼拄杖曰。	
護國守昌	僧眾	上堂。	卓拄杖一下。	
眞懿慧蘭		上堂。	拈拄杖卓曰。	
			遂拈拄杖橫按，召大眾曰。	擲拄杖。下座。
長蘆蘆禪師	僧眾		上堂拈拄杖曰。	
投子道宣			住後，凡有所問，以拂子作搖鈴勢。	
雲門文偃	學僧		僧來參。師乃拈起拄杖與袋裟曰。學僧	

宗派	人物	情境	內容	補充
	學僧	普請畫般柴次。	師遂拈一片拋下曰：「一大藏教，祇說這個。」	
	學僧		師拍手一下，拈拄杖曰：「接取拄杖子。」僧接得，拋拄杖接作兩橛。	師曰：「直饒恁麼，也好與三十棒。」
	僧眾	上堂。	眾集，師以拄杖指面前曰。	
	學僧		上堂拈拄杖曰。	
			乃畫一畫曰：「塵沙諸佛盡在這裡葛藤。」便下座。	
	學僧		驀拈拄杖畫一畫，曰：「總在這裡。」	
			又畫一畫曰：「總從這裡出去也。」珍重。	
	僧眾	上堂。	遂舉把杷子曰：「觀世音菩薩，」將錢買餬餅。放下手曰：「元來祇是個饅頭。」	
	僧眾	上堂。	拈拄杖曰：「凡夫實謂之有，二乘析謂之無。」	
雲門文偃	學僧	問僧：「近離甚處？」曰：「西禪。」師曰：「西禪近日有何言句？」	僧展兩手，師打一掌。	
	學僧	僧曰：「某甲話在。」	師卻展兩手。	
雲門文偃	學僧		以拄杖畫云	僧無語，師又打。

禪師			
	學僧		上堂。拈拄杖曰。
雲門文偃	學僧	時有僧問：「如何是大用現前？」	師拈起拄杖，高聲唱曰：「釋迦老子來也。」
寶性大師	學僧	問僧：「不壞假名而談實相，作麼生？」	僧指倚子曰：「這個是倚子。」 師以手撥袋高曰：「與我將鞋袋來。」僧無對。
顯鑒禪師	學僧	上堂。	師將拂子遺僧。 僧曰：「本來清淨，用拂子作甚麼？」
師寬明教禪師	僧眾	上堂。	舉拂子曰：「這個接中下之人。」
			師提起拄杖曰：「全得這個力。」 座乃奪卻。
			師放身便倒。 大眾皆進前扶起。師拈拄杖。一時趁散。
泐潭道謙禪師	學僧	問：「但有纖毫即是塵，不有時作麼生？」	師以手掩兩目。
龍境倫禪師		開堂升座。	提起拂子曰：「還會麼？若會，頭上更增頭。若不會，斷頭取活。」
大容諲禪師	學僧	曰：「如何是妙用？」	師乃握拳。
		僧曰：「真空妙用，相去幾何？」	師以手撥之。 僧曰：「不問這個。」師曰：「去。」
洞山清稟禪師	僧眾	問：「如何是古佛一路？」	師指地。 門舉拄杖曰。

禪師	對象	情境	手勢	結果
禪悟通寂禪師	學僧	上堂。	拈拄杖曰。	
騰湖雲震	僧眾	問僧：「近離甚處？」曰：「兩浙。」師曰：「還將得吹毛劍來否？」	僧展兩手。	
白雲和尚	大曆和尚	初參白雲。	雲舉拳曰：「我近來不恁麼也。」	師頭皆禮拜，自此入室。
大曆和尚	學僧	問：「如何是無為？」	師乃擺手。	
	學僧	問：「施主供養，將何報答？」	師以手撚鬚。	
寶華和尚	學僧	師見一僧從法堂階下過。	師乃敲繩床。	僧曰：「若是這個，不請拈出。」師曰，下地詰之。僧無語，師便打。
樂淨含匡禪師	學僧	問：「但得本，莫愁末。如何是本？」師曰：「不要問人。」曰：「如何是末？」	師乃豎指。	
五祖師戒禪師	學僧	上堂。僧問：「名啗宇宙知師久，學讚家風略借看。」師曰：「未在更道。」	僧展兩手。	師便打，僧禮拜。
	僧眾		師豎起拄杖曰：「大眾會麼？言不再舉。合不重行。」	便下座。
重善禪師	僧眾	上堂。	拈拄杖畫一畫。曰。	
洪教禪師	學僧	僧問：「如何是向上關？」	師豎起拂子。	
蓮華峯祥庵主	僧眾		拈拄杖示眾曰：「古人到這裡，為甚麼不肯住？」	
德山慧遠禪師	學僧		舉起拂子曰。	眾無對。

禪師	對象	言語	動作	回應
合珠山彬禪師	學僧	問：「如何是和尚關捩子？」	師豎起拂子。	僧便喝，師便打。
育王常坦禪師	僧眾		擊禪床。	下座
雪竇重顯禪師	僧眾		遂以手畫一畫曰：「諸人隨山僧手看，無量諸佛國一一時現前。各各子細觀瞻。」	
雙泉繼鵬禪師		泉忽問：「拄杖子話試舉來，與子商量。」師擬舉。	泉拈火筯便搬。	師韜然大語。
曰芳上座	學僧	僧問：「如何是函蓋乾坤句？」	師豎起拄杖。	
		僧曰：「如何是截斷眾流句？」	師橫按拄杖。	
		僧曰：「如何是隨波逐浪句？」	師擲下拄杖。	
開先善暹禪師	僧眾	上座。	遂舉拄杖曰：「拄杖子是緣，且作麼生說個起底道理？」	卓拄杖，下座。
資聖院成勤禪師	僧眾	上堂。	拈拄杖曰：「拄杖頭上祖師，燈籠腳下彌勒。」	卓拄杖，下座。
育王山懷璉大覺禪師	學僧	曰：「人將語試。」師曰：「償得其便。」	僧便拊掌。	師曰：「更莫踈。」
	學僧	問：「坐斷毗盧頂，不稟釋迦文，猶未是學人行業。如何是學人行業？師曰：「盱額望明月。」	僧以手便搊。	
		上堂良久。	乃拈拄杖曰：「淨因今日怎麼，值得千聖路絕？」	
	僧眾		舉拈拳頭則五嶽到卓，展手則五指參差。」	拍禪床曰：「向下文長，付在來日。」

禪師	僧眾／學僧	動作	
靈隱雲知慈覺禪師	僧眾	拈拄杖曰：「且道這個是甚麼標，會麼？」	卓一下，下座。
慧力有文禪師	僧眾	以拄杖敲香臺。下座。	
洞山永孚禪師	僧眾	拈拄杖曰：「雲門大師來也。」	卓一下，曰：「炊沙作飯。參。」并作袴。看
雲居文慶海印禪師	僧眾	以拂子擊禪床。下座。	
東山國慶順宗禪師	僧眾	拈起拄杖曰：「此個是心，那個是滅底心？」	
天衣義懷禪師	僧眾	拈拄杖曰：「拄杖是緣，那個是佛種？拄杖是一乘法，那個是佛緣？」	卓拄杖，下座。
君山顯昇禪師	僧眾	拈拄杖卓一下，曰：「瞬目揚眉處，憑君子細看。」	
修撰曾會居士	僧眾	乃彈指一下曰：「但恁麼薦取？」	公於言下頓悟
圍化紹銛禪師	僧眾	上堂拈拄杖卓。	擊香臺，下座。
法昌倚遇禪師	英勝二上座	曰：「三年聚首，無事不知。檢點將來，不無滲漏。」以拄杖畫一畫。	
	學僧	上堂。拈起拄杖曰。	
	學僧	拍手一下曰：「還會麼？」	
	學僧	拈起拄杖曰：「要會麼？」	

禪師	對象		語言行為	非言語行為
英上座		師曰：「還曾夢見古人麼？」英曰：「和尚作麼生？」		師展兩手。
廣因擇要禪師	學僧		舉拄杖曰：「且道這個分付阿誰？」	徐與靈源皆屏息。
了元佛印禪師	學僧		拈拄杖曰：「春風開竹戶，夜雨滴花心。」	
本逸正覺禪師	僧眾		乃橫按拄杖曰。拈拄杖曰：「這拄杖，在天也與日月並明，在地也與山河同固，在王侯也以代蒲鞭，在百姓也防身禦惡，在衲僧也畫橫肩上。」	
法泉佛慧禪師	僧眾	上堂。	拈拄杖擊法座一下，曰：「以此功德，祝延聖壽。」	便下座。
學僧／崇禁余禪師	學僧		僧以手畫一畫曰：「爭奈這個何？」	師曰：「草賊大敗。」
歸宗慧通禪師	僧眾		拈起拄杖曰：「這個是一法，那個是道場？這個是道場，那個是一法？」	擊香臺一下。
興教慧憲禪師	僧眾		擊香臺。下座。	
智者山利元禪師	僧眾	上堂。	拈拄杖曰：「大用現前，不存軌則。」	良久，卓一下曰：「路上指耄鹿，門前打犬兒。」
法英祖鏡禪師	僧眾		拈拄杖曰：「歲朝把筆，萬事皆吉。急急如律令。」	卓拄杖，下座。

禪師	問者	問答內容	師之手勢	
福昌信禪師	學僧	僧問：「一花開五葉，如何是第一葉？」僧曰：「這個猶是風生兩意，如何是第一葉？」	師提起坐具。	僧拍掌，師曰：「一任蹉跳。」
宗本圓照禪師	僧眾		師將坐具摵一摵。	擎禪床，下座。
	僧眾		拈起拄杖曰：「這個是甚麼，作麼生說個轉法輪底道理？」乃拈拄杖曰：「卻來拄杖上迴避。」	以拄杖卓一下。
膺夫廣照	學僧	問：「識得衣中寶時如何？」師曰：「你試拈出看。」	僧展一手。	
		師曰：「不用指東畫西，實在甚麼處？」曰：「爭奈學人用得。」師曰：「你試用看。」	僧抴坐具一下。	師曰：「眾人笑你。」
佛日智才禪師		曰：「如何談論？」	師鳴指一下。	
重元文慧	學僧	僧問：「如何是禪？」師曰：「入籠入檻。」	僧拍掌。	師曰：「跳得出是好手。」僧擬議，師曰：「了。」
聖院棲禪師	學僧	師曰：「作家，作家。」僧曰：「莫著忙。」師曰：「元來不是作家。」	僧提起坐具，曰：「看，看。」摩竭陀國，親行此令開。	
開聖院棲禪師	僧眾	眾無對。	上堂。拈拄杖曰：「大眾，急著眼看須彌山。」	卓一下。
雲門靈侃禪師	僧眾	眾拍禪床。	乃拍禪床，下座。	
佛日文祖禪師	僧眾	曰：「怎麼則能騎虎頭，善把虎尾？」	師以拄杖點一下，曰：「禮拜著。」	

禪師	僧眾			
淨覺院用機禪師	僧眾		以拂擊禪床。下座。	
明因慧賚禪師	僧眾	上堂。	横按拄杖曰。	卓拄杖，下座。
上藍院光祚禪師	僧眾	上堂。	横按拄杖，召大眾曰：「還識上藍老漢麼？」	卓拄杖，下座。
慶善院淨悟禪師	僧眾		拍禪床下座。	
菩本大通禪師	僧眾	僧曰：「進前無路也。」	師卓拄杖一下，曰：「爭奈這個何？」	擲拄杖下座。
守一法真禪師	僧眾	上堂。	舉拂子曰：「三世諸佛，六代祖師，總在這裡。」	
地藏守恩禪師	僧眾	上堂。	豎起拳曰：「或時爲拳。」復開曰：「或時爲掌。」	遂放下曰：「直是土曠人稀，相逢者少。」
	僧眾	上堂。	拈拄杖擊禪床一下，曰：「有智若聞，則能信解。無智疑悔，則爲永失。」	
辯（音辯）良佛慈禪師	僧眾		驀拈拄杖擊香臺，曰：「參堂去。」	
延泳正覺禪師	僧眾	上堂。	拈起拄杖曰：「且道這個甚處得來？」	遂曳杖下座。
妙慧文義禪師	僧眾		拍禪床，下座。	
惟白佛國禪師	僧眾	上堂。	拈拄杖示眾曰：「山僧住持七十餘日，未會拈動這個。而今不免現些小神通，供養諸人。」	遂卓拄杖。

保寧子英禪師	僧眾	上堂。	拈拄杖曰：「日月不能並明，河海不能競深。須彌不能同高，乾坤不能同固。」	擊禪床，下座。
	僧眾	上堂。	拈拄杖曰：「彼自無瘡，勿傷之也。」	卓一下。下座。
真空至一禪師	僧眾	上堂。	遂拈起拄杖曰：「喚這個作拄杖，即是礙。不喚作拄杖，亦是礙。離此之外，畢竟如何？」	
永泰智航禪師	僧眾		拈拄杖曰：「穿過了也。」	
宗鎮慈覺禪師	僧眾		拈拄杖曰：「還見麼？」擊香臺曰：「還聞麼？」靠卻拄杖曰：「眼耳若通隨處足，水聲山色自悠悠。」	
元豐院清滿禪師	僧眾		驀拈拄杖曰：「還知這個揑作甚麼？」	
			打香臺一下，曰：「莫道無用處。」	
			復打一下曰：「參。」	
惟湛廣燈禪師	僧眾		卓拄杖下座。	
	僧眾		拍手一下，下座。	
楚明寶印禪師	僧眾		拈拄杖曰：「還見麼？古豪不成文，飛帛難同體。從本自分明，何須重特地。」	擊禪床下座。

禪師	對象			
思慧妙湛禪師	僧眾	上堂:「一法若通，萬緣方透。」	拈拄杖曰:「這裡悟了。」提起拄杖:「海上橫行。」	卓拄杖，下座。
	僧眾		驀拈拄杖曰:「識得山僧柳栗條，莫向南山尋鷲鼻。」	
法明寶月禪師	僧眾	上堂:	以拄杖卓一下，曰:「這個是根，那個是穴?」	擲下拄杖曰:「這個是穴，又喚甚麼作根?」
道場有規禪師	僧眾	上堂。	拈拄杖曰:「還見麼?」	卓一下，下座。
延慶可復禪師	僧眾	上堂。	驀拈拄杖橫按膝上。	便下座。
道場慧顏禪師	僧眾	上堂:「世尊按指，海印發光。」	拈拄杖曰:「莫妄想。」	
資壽蓮禪師	僧眾		以拂子擊禪床。	下座。
萬年慧幽禪師	僧眾		峰以拄杖畫一畫曰:「在這裡。」	
體淳禪鑒禪師	僧眾		擲拄杖。	下座。
懷深慈受禪師	學僧	曰:「如何是佛向上事?」師曰:「一箬一蓮華。」僧作禮。	師彈指三下。	
天衣如哲禪師	僧眾		卓拄杖曰:「平出，平出。」	
	僧眾		忽豎起拳曰:「諸人且道，這個落在甚麼處?」	眾無對
	僧眾		以拂子擊禪床，下座。	
慧海月印禪師	僧眾	上堂。	顧視大眾，拍禪床一下。曰:「聊表不空。」	便下座。

禪師	對象	場合	手勢內容
建隆原禪師	僧眾	上堂。	拈拄杖曰：「買帽相頭，依模畫樣。」卓拄杖，下座。
覺印	廣福院惟尚		印豎拳曰：「正當恁麼時作麼生？」師掀倒禪床，印遂喝。
雪峯大智	學僧	僧問：「如何是祖師西來意？」	師銜拂柄示之。
淨慈象禪師	僧眾		拈拄杖起拄杖，曰：「淨慈拈起拄杖，豈不是一翳在眼？」乃擲拄杖，下座。
道昌佛行	僧眾	上堂。	舉拂子曰：「歲朝把筆，萬事皆吉。」
	僧眾		以拄杖畫曰：「祇向這裡薦取。」
照堂了一	僧眾		拈拄杖曰：「看，看。」
九座慧邃	僧眾		拈拄杖革一日。
五雲悟禪師	僧眾		遂拈拄杖曰：「直饒見得，未免山僧拄杖。」
黃龍慧南	僧眾		拈起拂子，曰：「拂子蹲跳上三十三天，搊脫帝釋鼻孔。」擊禪床，下座。
	僧眾		擊禪床，下座。
	僧眾		乃拈拄杖曰：「道之與聖，總在歸宗拄杖頭上。」
	僧眾	上堂。	拈拄杖曰：「橫拈拄倒用，撥開彌勒眼睛。明去暗來，搞落祖師鼻孔。」師拈拄杖倒用。

黃龍慧南	僧眾	師室中常問僧曰：「人人盡有生緣，上座生緣在何處？」又問：「諸方參請，宗師所得。」	正當問答交鋒，卻復伸手曰：「我手何似佛手？」卻復垂腳問曰：「我腳何似驢腳？」	三十餘年，示此三問，學者莫有契其旨。脫有酬者，師未嘗可否。叢林目之為黃龍三關。
祖心寶覺	僧眾		遂舉拂子曰：「看。拂子走過西天，卻來新羅國裏。」
	僧眾		擊禪床曰：「一塵纔舉，大地全收。」
	僧眾		舉拂子曰：「看大陽溢目，萬里不掛片雲。若是覆盆之下，又爭怪得老僧？」
	僧眾		乃舉拂子曰：「且道是金是沙？」
	僧眾		乃擲下拂子。曰：「看。」
禪僧	常總照覺		又僧出眾，提起坐具曰：「請師答話。」
學僧			僧又作展勢。
常總照覺禪師	僧眾		擊禪床。下座。
寶峰克文	僧眾		以拂子畫曰：「我不敢輕於汝等，汝等皆當作佛。」
學僧	學僧	問：「新豐吟今雲門曲，舉世知音能和續。大眾臨筵，願清耳目。」	師以右手拍禪床。

禪師	對象	機緣語句	手勢	
		僧曰:「木人拍掌,石女揚眉。」	師以左手拍禪床。	
		僧曰:「猶是學人疑處。」師曰:「何不瞎眼下覷取?」	僧以坐具一拂。	
		曰:「忽然知後如何?」師曰:「十萬八千。」	僧提起坐具,曰:「爭奈這個何?」	
		上堂:「世尊拈華,迦葉微笑。」	拈拄杖曰:「洞山拈起這拄杖子,你諸人合作麼生?」	
	僧眾		拈拄杖曰:「為眾竭力。」	
	僧眾		拈起拄杖曰:「雲行雨施,三草二木。」	
真如院元柘禪師	僧眾		擊禪床,下座。	擊禪床下座。
	僧眾	上堂:「一切聲是佛聲。」	以拂子擊禪床曰:「梵音深遠,令人樂聞。」	
		又曰:「一切色是佛色。」	乃拈起拂子一拂。	
開元子琦禪師	僧眾	上堂。	以拂子擊禪床。	
仰山行偉禪師	僧眾		以拂子擊禪床。	
雲蓋守智禪師	學僧	僧問:「有一無弦琴,不是世間木。今朝負上來,請師彈一曲。」	師拊膝一下。	
報本慧元	學僧	曰:「為甚麼諸法寂滅相,不可以言宣?」師曰:「且莫錯會。」	僧以坐具一畫。	

禪師	對象			
隆慶院慶閑禪師	學僧	龍曰：「此間有辯上座者，汝著精彩。」師曰：「他有甚長處？」曰：「他拊汝背一下又如何？」師曰：「作甚麼？」曰：「他展兩手。」師曰：「甚麼處學這箇頭來？」龍大笑。	師卻展兩手。	龍喝之。
溈潭洪英	溈潭洪英		又僧禮拜起，便垂下裹裟角。曰：「脫衣卸甲時如何？」	師曰：「喜得狼煙息，弓稍壁上懸。」
			僧卻攬上裹裟。曰：「重整衣甲時如何？」	師曰：「不到烏江畔，知君未肯休。」僧便喝。
		師曰：「驚殺我。」	僧拍一拍。	師曰：「也是死中得活。」僧禮拜。
溈潭洪英	學僧	僧禮拜。	師扣禪床一下，乃曰：「同也無窮，答也無盡。」	
溈潭洪英	僧眾		遂拈拄杖曰：「未到懸崖處，攛頭子細看。」	卓一下。
	僧眾		遂拈起曰：「長者隨長使，短者隨短用。」	卓一下。
保寧寺圓璣			擊拂子下座。	
興國院契雅	學僧	僧問：「請師不於語默黃答話。」	師以拄杖卓一下。	
重確正覴	僧眾	上堂。	拍禪床，下座。	
三角山慧澤	學僧	僧問：「師登寶座，大眾側睹。」	師卓拄杖一下。	僧曰：「答即便答，又卓個甚麼？」師曰：「百雜碎。」

法輪文昱	僧眾	上堂。	以拄杖卓一卓，喝一喝曰：「雪上加霜，眼中著屑。若也不會，北郁單越。」	
晦堂	死心悟新	遊方至黃龍，謁晦堂。	堂豎拳問曰：「喚作拳頭則觸，不喚作拳頭則背。汝喚作甚麼？」	師罔措。
靈源惟清	僧眾		以拂子擊禪床，下座。	
泐潭草堂善清	僧眾	上堂：「色心不異，彼我無差。」	豎起拂子曰：「若喚作拂子，入地獄如箭。不喚作拂子，有眼如盲。直饒透脫兩頭，也是黑牛臥死水。」	
靈泉院曉純	僧眾		舉以木刻作一獸。師子頭子頭，牛足馬身，持出示眾。每升師子時，曰：「喚作師子，又是牛足。喚作馬身，又是牛足。且道單竟喚作甚麼？」	合僧下語，莫有契者。
雙嶺化禪師	僧眾	上堂。	遂舉拂子曰：「會麼？認著依前還不是。」	擊禪床下座。
保福本權	黃庭堅	山谷同晦堂往，致問曰：「直饒還知露柱生兒麼？」師曰：「是男是女？」	黃擬議，師揮之。	
雙峯景齊	僧眾	上堂。	拈拄杖曰：「橫拈倒用，諸方庋步龍行。打狗撐門，雙峯揑怪。因風吹火，在無事甲裏，別是一家。」	

禪師	對象	語境	非言語行為	結果／話語
晦堂	吳恂		以拄杖靠肩，顧視大眾曰：「喚作無事得麼？」良久曰：「刀尺高懸著眼看，誌公不是閑和尚。」	卓拄杖一下。
行瑛廣鑒	僧眾		公擬議，堂以拂子擊之。	
象田梵卿	學僧	僧問：「象田有屠龍之劍，欲借一觀時如何？」	以拂子擊禪床。	
	僧眾	僧便喝。	師橫按拄杖。師擲下拄杖。	僧無語。師曰：「這死蝦蟆。」
兜率從悅	僧眾		拍禪床，下座。	卓拄杖。
佛照杲禪師	僧眾	上堂。	師最後登座，橫拄杖曰：「適來諸善知識，橫拈豎放，直立斜拋，換步移身，藏頭露角。」拈拄杖曰：「歸宗斬蛇，禾山解打鼓。萬象與森羅，皆從這裡去。」	擲下拄杖曰：「歸堂吃茶。」
真淨			淨展手曰：我手何似佛手。	師咄借。
湛堂文準	僧眾		驀拈拄杖，起身云：「大眾寶峰何似孔夫子？」	卓拄杖。下座。
	僧眾	上堂。	舉拂子曰：「龍藏聖賢都一拂，以拂子拂一拂，曰：『諸禪德，正當恁麼時，且道雲岩土地向甚麼處安身立命？』」	擲下拂子曰：「萬靈千聖，千聖萬靈。」

	僧眾	上堂。	師遂展掌，點指曰:「子丑寅卯，辰巳午未。」	
	僧眾	上堂。	拈拄杖，卓一下。	
			擲下拄杖曰:「勿於中路事空王，策杖須還達本鄉。」	
			擊拂子曰:「方便門開也，作麼生是真實相?」	
	僧眾		拈拄杖曰:「衲僧家竿木隨身，逢場作戲。倒把橫拈，自有意思。」	擲下拄杖曰:「個中消息子，能有幾人知。」
洞山梵言	僧眾		擊拂子曰:「門前殘雪日輪消，室內紅塵遣誰掃?」	
壽寧善資	僧眾		舉起拂子曰:「一片月生海，幾家人上樓。」	
上封慧和	僧眾	上堂。	拈起拄杖曰:「孤根自有擎天勢，不比尋常曲彔枝。」	卓拄杖，下座。
報慈進英	僧眾	上堂。	擲下拄杖，卻召大眾曰:「拄杖吞卻祖師了也，教甚麼人救得也無?」	喝一喝。
	僧眾		驀拈拄杖曰:「三世一切佛，同入這窠窟。衲僧喚作遼天鶻。」	卓拄杖一下。
寶華普鑒佛慈	僧眾		以拂子擊禪床，下座。	

雲蓋智和尚	九峯希廣	遊方日謁雲蓋智和尚，乃問：「興化打克賓，意旨如何。」	智下禪床，展兩手吐舌示之。	師打一坐具，智曰：「此是風力所轉。」
九峯希廣	石霜精琳	又問石霜精琳禪師。琳曰：「你意作麼生？」	師亦打一坐具。	琳曰：「好一坐具，秪是不知落處。」
	真淨	又問真淨，淨曰：「你意作麼生？」	師復打一坐具。	淨曰：「他打你也打。」師於言下大悟。
黃檗道全	僧眾	上堂。	以拂子擊禪床曰：「一槌打透無盡藏，一切珍寶吾皆有。拈來普濟貧乏人，免使波吒路邊走。」	
景福省悅	僧眾		擊禪床。下座。	
南臺允恭	僧眾		拈拂子曰：「正當今日，佛法盡在這個拂子頭上。」	
泗洲用元	僧眾	上堂。	橫按拄杖，顧視大眾曰：「今日平地上吃交。」便下座。	
啓霾聞一	僧眾		以拂子擊禪床。下座。	
法輪齊添	僧眾		拈拄杖曰：「逐物意移。」	靠拄杖。便下座。
百丈維古	僧眾	上堂。	大眾集定。拈拄杖示眾曰：「多少現成。」	卓一下，便起。
月珠祖鑑	僧眾		乃拍禪床示眾曰：「於斯薦得，猶是鈍根。」	
什庵主	僧眾		師室中常以拂子示眾曰：「喚作拂子，依前不是。不喚作拂子，特地不識。汝喚作甚麼？」	

超宗慧方	僧眾		上堂舉拂子曰：「看，看。祇這個。」	逐喝一喝，下座。
上封祖秀	僧眾		擊拂子曰：「一念迴心便到家。」	
鍾山道隆首座	僧眾		手常穿一縷，凡有禪者至，提以示之曰：「老僧這襪，著三十年了也。」	
上封佛心才	僧眾		乃卓拄杖曰：「向這一點下明得。出身猶可易，脫體道應難。」	
			又卓拄杖曰：「向第二點下明得。縱橫三界外，隱顯十方身。」	
			又卓拄杖曰：「向第三點下明得。」	
雪巢法一	僧眾	上堂。	拈拄杖曰：「拄杖子有時作出水蛟龍，萬里雲煙不斷。」	卓拄杖，喝一喝，下座。
東山慧空	僧眾	上堂曰：「俊快底點著便行，凝鈍底推挽不動。」	彈指一下，曰：「從前推挽不出而今從前有院不住而令住。」	
	僧眾		豎起拄杖曰：「大眾。這兩個並山僧拄杖子，共作一個。」	卓拄杖，下座。
正法希明	僧眾		逐拈拄杖曰：「於斷明得，儼在目前。」靈山一會，儼在目前。	

名稱	對象	情境	行為描述	回應
鼓魚咸靜	僧眾		以拂子擊禪床，下座。	
			擊拂子，下座。	
泐潭	道旻圓機	後到潭行次。	潭以拄杖架肩長噓，曰：「會麼？」	師擬對，潭便打。
			有頃。復拈草示之曰：「是甚麼？」	師亦擬對，潭遂喝。
			於是頓明大法。作華勢。乃曰：這回瞞受上座不得也。	潭挽曰：更道。更道。師曰：南山起雲。北山下雨。即禮拜。潭首肯。
壽寧道完	學僧	師曰：「作麼生是悄然機？」	僧舉頭看，師舉起拂子。	僧喝一喝，師曰：大好悄然。
兜率慧照禪師	僧眾	上堂。	舉拂子曰：「端午龍安亦鼓橈，青山雲裏覓逍遙。」	擊禪床，下座。
	僧眾		乃拈起曰：「你有拄杖子，我與你拄杖子。你無拄杖子，我奪你拄杖子。」	乃拋下拄杖。
潭普禪師	典牛天遊	一日。潭普證曰：「諸人苦苦就準上座覓佛法。」	遂拍膝曰：「會麼。」	師聞脫然領悟。
			又拍膝曰：「若也不會。當不見拳示眾曰：『舉一不得舉二。』放過一著，落在第二。」	
典牛天遊	僧眾	上堂。	卓拄杖曰：「久雨不晴，金烏飛在鐘樓角。」	
			又卓一下曰：「猶任。」	
			復卓曰：「一任衲僧名邈。」	

人物	對象	機緣	手勢動作／語	結果
法清祖鑑	僧眾		「會麼？不免與麼去。」	
仲含禪師	僧眾		遂以兩手按空，下座。	
			乃舉拂子曰：「看看。山河大地，日月星辰。若凡若聖，是人是物。盡在拂子頭上一毛端裏出入遊戲。」	
學僧 大潙和尚		一日，潙為眾入室。問僧：「黃集過後，還有人收得劍麼？」	僧豎起拳。	潙曰：「柰刀子。」僧曰：「爭奈受用不盡。」潙喝出。
慧目蘊能	僧眾	次問師：「黃集過後，還有人收得劍麼？」	師亦豎起拳。	
			豎起拂子曰：「提起則如是我聞，放下則信受奉行。」	
黃提刑		一日與黃提刑茶次。黃問：「數局之中，無一局同。千著萬著則故是，如何是那一著？」	師提起茶子示之。	
宗顯正覺			覺拈起拂子曰：「這個又作麼生？」	
山堂僧洵	僧眾		卓拄杖云：「大家在這裡。」	
別峯相珍	僧眾	上堂	豎起拂子曰：「這個是跡。牛在甚麼處？」	
	僧眾	上堂：「向上一路，千聖不傳。」	卓拄杖曰：「恁麼會得？十萬八千，畢竟如何？」	
			豎起拄杖云：「這個是色，喚甚麼作大道真體？」	
無示介諶	僧眾		擊拂子，下座。	

普明慧琳	僧眾		以拄杖摩禪床。下座。
默庵興道	僧眾		卓拄杖。下座。
吳居厚居士	圓通旻	公曰：「八次經過，常存此念。然未甚脫灑在。」	旻度扇與之。
		曰：「請使扇。」	公即揮扇。
		旻曰：「有甚不脫灑處。」公忽有省曰：「便請末後句。」	旻乃揮扇兩下。
心聞曇賁	僧眾		卓拄杖曰：「滴來攛得雷天大壯，如今鑾作地火明夷。」
	僧眾		卓拄杖一下云：「敢問諸人是生是殺？」
東山吉	李朝請	遂問：「家賊惱人時如何？」師曰：「誰是家賊？」	李豎起拳，師曰：「賊身已露。」
學僧	楊歧方會	時有僧出，師曰：「漁翁未攛釣，躍鱗衝浪來。」僧便喝。師曰：「不信道。」	僧拊掌歸眾。
楊歧方會	僧眾	上堂：「楊歧一要，千聖同妙。布施大眾。」	拍禪床一下云：「果然失照。」
	僧眾	上堂。	拈拄杖云：「一即一切，一切即一。」
			畫一畫云：「山河大地，天下老和尚百雜碎。作麼生是諸人鼻孔？」喝一喝，卓一下。

僧眾			喝一喝，拍禪床一下。
僧眾	上堂。	擲下拄杖曰：「釋迦老子著跌，偷笑靈蓋亂說。雖然世界坦平，也是將勤補拙。」	
僧眾	問第二人：「欲行千里，一步為初。如何是最初一句？」曰：「到到和尚這裡，爭敢出手。」	師以手畫一畫。	僧曰：「了。」
白雲守端　僧眾	「山僧不惜眉毛，為諸人開此正法眼藏看。」	乃舉兩手，豎兩指曰：「看。看。若見得去，事同一家。」	僧擬議，師曰：「了。」
五祖法演　僧眾		拈起拄杖云。	卓拄杖，下座。
僧眾		乃拈拄杖曰：「拄杖子也忘了。」	逐卓一下，曰：「同坑無異土。咄。」
雲蓋山智本　僧眾	上堂。	橫按拄杖曰：「牙如刀劍面如鐵，眼放電光不可歇。手把拶棃一萬斤，等開歇落天邊月。」	卓一下。
瑯邪永起　僧眾	上堂。	良久拊掌一下，曰：「阿阿阿，阿阿阿。還會麼？法法本來法。」	逐卓一下。
僧眾		逐拈拄杖曰：「這個是山僧拄杖，那個是本來法？還定當得麼？」	卓一下。
提刑郭祥正　雲居印和尚	印曰：「收得龍麼？」公曰：「已在這裡。」印曰：「作麼生騎？」	公擺手作舞便行。	

壽聖院慧文禪師	僧眾	上堂。	拈拄杖曰：「華藏木樹栗，等閒亂拈出。」
寶積宗映禪師	僧眾		開堂曰，乃橫按拄杖曰：「大眾，到這裡無親無疏，自然不孤。」
景福日餘	僧眾	又僧出眾畫一畫。	師以手畫一畫。
			乃拈拄杖向此轉大法輪，今古祖師向此演大法義。」
慧懃佛鑒	僧眾	上堂：「日日日西沈，日日日日東上。」	擲下拄杖曰：「但看此模樣，五祖周祥。」
	僧眾	上堂。	橫拄杖曰：「先照後用。」
			豎起曰：「先用後照。」
			倒轉曰：「照用同時。」
			卓一下曰：「照用不同時。」
	學僧	師室中以木骰子六隻，面面皆。	僧纔入，師擲曰：「會麼，書麼字？」
清遠佛眼	僧眾	上堂。	卓拄杖曰：「圓明瞭知，不由心念。抵死要道，墮坑落塹。畢竟如何？」
無為宗泰	僧眾		遂拈起拂子曰：「會了喚作禪，未悟果然難。難難。」
承天院自賢	僧眾	上堂。	拈拄杖曰：「不是心、不是佛，不是物。」擊禪床一下曰：「與君打破精靈窟，簸土揚塵無處尋。」

禪師	對象	情境	手勢動作	
大慧宗杲	僧眾		驀拈拄杖云：「橫按鏌鎁全正令，太平寰宇斬癡頑。」	卓拄杖，喝一喝，便下座。
			舉起拂子曰：「還見麼？」	
			擊禪床曰：「還聞麼？」	
			復舉起拂子曰：「看，看。」	
	僧眾		擲下拄杖，喝一喝曰：「紅粉易成端正女，無錢難作好兒郎。」	
	僧眾	上堂：「繞方八月中秋，又是九月十五。」	卓拄杖曰：「唯有這個不遷。」擲拄杖曰：「一眾耳聞目覩。」	
	學僧。	問：「敎中道，塵塵說，刹刹說，無間歇。未審以何爲舌？」	師拍禪床右角一下。	
		僧曰：「世尊不說說，迦葉不聞聞也。」	師拍禪床左角一下。	
	僧眾		舉竹篦問僧曰：「喚作竹篦則觸，不喚作竹篦則背，不得下語，不得無語。速道。速道。」	
圓悟克勤	虎丘紹隆	次誦圓悟，一日入室，悟問曰：「見見之時，見非是見。見猶離見，見不能及。」	舉拳曰：「還見麼？」	不覺拊掌大笑。
虎丘紹隆	僧眾		拈拄杖，劃一劃云：「劃斷古人多年葛藤。」	師曰：「見。」悟曰：「頭上安頭。」

禪師	人物	言語	非言語行為	反應
	僧眾		驀拈拄杖，劃一劃云：「路逢死地莫打殺，無底籃子盛將歸。」	
	僧眾	上堂：「摩竭陀國，親行此令。」拈拄杖。	卓一下曰：「大盡三十，小盡二十九。」	
佛智端裕	僧眾		拈拄杖，卓一下，喝一喝曰：「祇這個何似生。」	
護國此庵景元	僧眾		舉拂子曰：「咄咄。」	
	僧眾		以拂子擊禪床，下座。	
	僧眾		以拂子擊禪床，下座。	
	僧眾		舉拂子曰：「還會麼？棊逢敵手難藏行，詩到重吟始見功。」	
南峯雲辯	圓悟克勤	後參圓悟。值入室，纔踏門，悟曰：「看腳下。」	師打露柱一下。	
		悟曰：「何不著實道取一句？」師曰：「師若搖頭，弟子擺尾。」悟曰：「你試擺尾看。」	師颺颺筋斗而出。	悟大笑。
圓悟克勤	徹庵道元	師擬答，悟憑陵曰：「草賊大敗。」師即徹證。	圓悟以拳擊之。	師拊掌大笑。
華嚴祖覺	僧眾		豎起拂子曰：「龍臥碧潭風凜凜。」	
	僧眾		垂下拂子曰：「鶴歸青漢背摩天。」	

訥堂梵思	僧眾	遂拈拄杖曰：「訥堂今日拄杖子有分付處，也還有承當得者麼？試出來擔荷看，有麼有麼？」良久，擲拄杖，下座。
東山覺	僧眾	以手拍禪床，下座。
文殊心道	上堂。僧眾	拈拄杖直上指曰：「恁麼時。」
南華知昺	上堂。僧眾	卓一下曰：「恁麼時。」擊禪床，下座。
龍牙智才	上堂。僧眾	以拄杖向空中攪曰：「攪長河為酥酪，變大地作黃金，鰕蟹猶自眼搭膔。」卓一下曰：「變大地作黃金，窮漢依前亦骨力。」
蓬萊卿	僧眾	拈拄杖卓一下曰：「朝奉疏中道。」擲拄杖，下座。
	僧眾	舉拂子曰：「看，看。」
湘潭擇明	僧眾	舉拄杖曰：「這個是無根底，且道解開華也無？」
竹庵士珪	上堂。僧眾	豎起拂子云：「看，看。」以拂子擊禪床，下座。
牧庵法忠	問：「大眾臨筵，請師舉唱。」	師便豎起拂子
	僧曰：「乞師再垂方便。」皆不契。眾下語。	師擊禪床一下。
學僧	僧眾	師自拊掌一下，作嘔吐聲。
白楊法順	上堂。僧眾	師擊禪床，下座。
真牧正賢	佛眼問：「從上祖師方冊因緣，許你會得。」	忽舉拳曰：「這個因何喚作拳？」
正堂明辯		

禪師	對象		非言語行為	
	僧眾	僧問：「如何是佛？」	師乃鳴指三下。	
	僧眾	臨終登座。	拈拄杖於左邊、卓一下曰：「三十二相無此相。」	
			於右邊卓一下曰：「八十種好無此好。」	
			又卓一下，顧大眾曰：「莫慳惜、直下承當莫更討。」	下座歸方丈。
月庵善果	僧眾	上堂。	以拄杖打一圓相曰：「且莫錯認定盤星。」	卓一卓，下座。
	僧眾		豎起拂子曰：「眨上眉毛、速須薦取。」	擲拂子，下座。
	僧眾		擲拂子曰：「山僧今日已是放下了也。汝等諸人，又作麼生？」	
此庵守淨	僧眾		以拂子擊禪床、下座。	
遜庵宗演	僧眾	上堂。	拈起拄杖曰：「識得這個，一生參學事畢。古人恁麼道，華嚴則不然學眾。」	
玉泉曇懿	僧眾		拈拄杖曰：「拄杖子能有、能無、能幻、能空。凡夫、二乘、菩薩緣覺、菩薩。」	卓一下曰：「向這裡薦百雜碎。」
薦福悟本	僧眾		驀拈拄杖，橫按膝上，作撫琴勢云：「還有聞弦賞音者麼？」	卓一下，下座。

萬壽自護	僧眾		拈拄杖卓一下，曰：「甜瓜徹蒂甜，苦瓠連根苦。」	
淨居尼妙道	僧眾		擲拂子，下座。	
雁庵臺華	僧眾		拈拄杖曰：「拄杖子罪犯彌天，貶向二鐵圍山。且道彌福還有過也無？」	卓拄杖曰：「遲一刻。」
淨慈水庵師一	僧眾		喝一喝，卓拄杖下座。	
無庵法全	僧眾		卓拄杖云：「三祖大師變作馬面夜叉。」	
	僧眾	上堂。	拈拄杖曰：「汝等諸人，個個頂天立地，肩橫榔栗。」	
正法巘	僧眾		卓拄杖曰：「宗風千古播嘉聲。」	
湛堂智深	僧眾		卓拄杖曰：「若無這個道理，千古之下，誰把口說。」	
歸雲如本	僧眾		卓拄杖曰：「林間泥滑滑，時叫兩三聲。」	
無相法燈	僧眾	上堂。	拈拄杖卓曰：「觀音出，普賢入。」	
窮谷宗璉	僧眾	上堂。	拈拄杖曰：「破無明暗，截生死流。」	

名	僧眾	情境	動作	結果
大溈行	僧眾		上堂橫拄杖曰:「你等諸人,若向這裡會去,如紀信登九龍之輦。不向這裡會去,似項羽失千里烏騅。」	遂靠拄杖。
道林淵	僧眾	臨示寂。	上堂拈拄杖示眾曰:「離卻色聲言語,道將一句來。」	倚杖而逝。
老衲祖證	僧眾	上堂:「萬象之中獨露身。如何說個獨露底道理?」	豎起拂子曰:「到江吳地盡,隔岸越山多。」	
復庵可封	僧眾	問:「離卻色言句,請師直指。」	師豎拂子。	
	僧眾		撅下拂子曰:「須是山僧拂子始得。」	
中庵慧空	僧眾	春日上堂。	拈拄杖卓一下曰:「先打春牛頭。」	
	僧眾		又卓一下曰:「後打春牛尾。」	
木庵安永	僧眾	上堂。	拈拄杖曰:「臨濟小廝兒,未曾當頭道著。」	
			擊拂子曰:「淬出七星光燦爛,解拈天下任縱行。」	
天王志清	僧眾	上堂。	豎起拂子云:「只這個天不能蓋,地不能載。」	
劍門安分庵主	僧眾		卓拄杖一下曰:「兔有頭,虎有主。」	
乾元宗頴	僧眾	上堂。	卓拄杖曰:「性燥漢祇在一槌。」	靠拄杖曰:「靈利人不勞再舉,而今莫有靈利底麼?」

僧眾	上堂。	橫按拄杖曰：「一二三四五六七、七六五四三二一。」	
僧眾	上堂。	拈拄杖曰：「有時奪人不奪境，拄杖子七縱七橫。有時奪境不奪人，山僧七顛八倒。有時人境兩俱奪，拄杖子與山僧俱奪。有時人境俱不奪，削跡吞聲。」	卓拄杖曰：「伴我行千里，攜君過萬山。忽然撞著臨濟大師時如何？」

附錄二：禪宗足勢啟悟 ^(註1)

作勢禪師	示勢對象	作勢緣起	足勢行為	示勢結果
慧忠國師	應真	（應真）入來	國師乃放下一足。	（應真）見便出，良久卻回。
南泉普願	學僧	師因入茶園，見一僧。	師乃將瓦子打之。	其僧回顧。
			師乃翹足。	僧無語。
睦州陳尊宿（師）	座主	問：「座主講甚麼經？」曰：「講涅槃經。」師曰：「問一段義得麼？」曰：「得。」	師以腳踢踢空、吹一吹，曰：「是甚麼義？」	曰：「經中無此義。」師曰：「脫空謾語漢。五百力揭石義，卻道無。」
志勤禪師	學僧	問：「僧甚處去？」曰：「嶺峯去。」師曰：「我有一信寄雪峯，得麼？」曰：「便請。」	師脫隻履拋向面前。	僧便去。

〔註1〕此表格依據〔宋〕普濟《五燈會元》（蘇淵雷點校，北京：中華書局 1984 年）整理。

學僧	師	語言	非言語行為	回應
（志勤門下）學僧	雪峰義存	至雪峰，峰曰：「甚處來？」曰：「靈雲來。」峰曰：「靈雲安否？」曰：「有一信相寄。」峰曰：「在那裡？」	僧脫雙履，拋向峰面前。	峰休去。
趙州和尚	道吾和尚（師）	趙州訪師	師乃著豹皮褌，執吉獠棒，在三門下翹一足等候，纔見州便高聲唱喏而立。	州曰：「小心祗候候著。」師又唱喏唱喏一聲而去。
石頭希遷	青原行思（師）	遷曰：「書亦不通，信亦不達。去日蒙和尚許箇鈯斧子，祇今便請。」	師垂一足。	遷便禮拜，尋辭住南嶽。
	丹霞天然	長慶四年六月，告門人曰：「備湯沐浴，吾欲行矣。」	乃戴笠策杖受囑，垂一足未及地而化。	
長髭曠禪師	石頭希遷	頭曰：「莫要點眼麼？」師曰：「便請。」	頭乃垂下一足。	師禮拜。
丹霞天然	翠微無學禪師		師翹一足，旋身一轉而出。	霞曰：「得即得，孤他諸佛。」師由是頷旨。
學僧	光仁禪師	僧禮拜。師曰：「苦，苦。」僧曰：「請師直指。」	師乃垂足曰：「舒縮一任老僧。」	
雪峰義存	岩頭全豁	一日，與雪峰、欽山聚話。峰驀指一椀水。欽山曰：「水清月現。」峰曰：「水清月不現。」	師踢卻水椀而去。	
學僧	清院玄訥	問：「如何是物物上辨明？」	師展一足示之。	
學僧	明招德謙	僧問：「和尚百年後向甚麼處去？」	師擡起一足曰：「足下看取。」	

禪師	對象	緣起	足勢	說明
明招德謙		中夜問侍者：「昔日靈山會上，釋迦如來展開雙足，放百寶光。」者曰：「昔日世尊，今夜和尚。」	遂展足曰：「吾今放多少？」	
志端禪師	圓應長老	時圓應長老出問：「靈雲乍露慘，大眾嗚呼。請師一言，未在告別。」	師以手撥眉曰：「莫孤負麼？」師垂一足。	
溈山靈祐	仰山慧寂	一日，師翹起一足謂仰山曰：「我每日得他負載，感伊不徹。」		仰曰：「當時給孤園中，與此無別。」師曰：「更須道始得。」仰曰：「寒時與他穿著，也不為分外。」師曰：「不負當初。」
石樓和尚	元康和尚	因訪石樓。	樓纔見便收坐。	師曰：「得恁麼威儀周足？」樓曰：「汝適來見個甚麼？」
霍山景通	仰山慧寂	初參仰山，山閉目坐。	師乃翹起右足曰：「如是。如是。西天二十八祖亦如是，中華六祖亦如是，和尚亦如是，景通亦如是。」	仰山起來，打四藤條。師因此自稱。
石霜楚圓慈明	神鼎諲禪師	鼎回顧相覷纔。	師地坐，脫隻履覆而視之。	鼎老忘忘所問，又失師所在。師徐起整衣，且行且語曰：「見面不如聞名。」遂去。
黃龍慧南	僧眾	又問：「諸方參請，宗師所得。」	卻復垂腳曰：「我腳何似驢腳？」	三十餘年，示此一問，學者莫有契其旨。脫有酬者，師未嘗可否。叢林目之為黃龍三關。
寶峯克文	僧眾		垂一足曰：「昔日黃龍親行此令，十方諸佛，無敢違者。」	

報慈進英	僧眾		遂趯下一隻鞋，曰：「還知這個消息也無？達磨西歸時，提攜在身畔。」
保寧仁勇	僧眾	上堂：「天上無彌勒，地下無彌勒。打破大虛空，彌勒向甚麼處去？」	垂下一足曰：「大眾向甚麼處去也？」
			拍膝曰：「西風一陣來，落葉兩三片。」
			拈起拄杖云：「總在這裡，會麼？」

附錄三：禪宗體勢啟悟[註1]

作勢禪師	示勢對象	作勢緣起	身勢行為	示勢結果
慧忠	帝	帝又問：「如何是十身調御？」	師乃起立曰：「會麼？」	
傅大士	梁武帝	帝至，大眾皆起。	唯士端坐不動。	近臣報曰：「聖駕在此，何不起？」士曰：「法地若動，一切不安。」
布袋和尚（師）	學僧	師曰：「乞我一紋錢。」曰：「道得即與汝一紋。」	師放下布袋，叉手而立。	
	保福	問：「如何是佛法大意？」	師放下布袋，叉手。	
		問：「為祇如此，為更有向上事。」	師負之而去。	

—291—

[註1] 此表格依據〔宋〕普濟《五燈會元》（蘇淵雷點校，北京：中華書局 1984 年）整理。

鄧隱峰	石頭希遷		纔到石頭，即繞禪床一匝，振錫一聲。	（鄧隱峰）問：「是何宗旨？」峰無語。石頭曰：「蒼天，蒼天！」無語。
趙州和尚	南泉山下一庵主		州去便設拜。	主不顧。
			州從西過東，又從東過西。	主亦不顧。
	南泉山下一庵主		州曰：「草賊大敗。」遂搊下簾子。	
南泉普願			次日，師與沙彌攜茶一瓶、盞三隻，到庵擲向地上。乃曰：「昨日底，昨日底？」	
		主曰：「昨日底是甚麼？」	師於沙彌背上拍一下曰：「賺我來，賺我來。」	掇却便回。
南泉普願	學眾	師因東西兩堂爭貓兒。師遇之，乃提起貓兒，白眾曰：「道得即救取貓兒，道不得即斬却也。」眾無對。	師便斬之。	
趙州和尚（師）	南泉普願（師）	趙州自外歸，師舉前語示之。	州乃脫履安頭上而出。	師曰：「子若在，即救得貓兒也。」
學僧	南泉普願（師）		有僧問訊，叉手而立。	師曰：「大俗生。」
	南泉普願（師）		其僧便合掌。	師曰：「大俗生。」僧無對。
廬谷	南泉普願（師）	師與歸宗、麻谷同去參禮南陽國師。師於路上畫一圓相曰：「道得即去。」	合作女人拜。	……師乃相喚便回，更不去禮國師。
南泉普願（師）	學僧	師待不見來，便歸庵。	見僧臥，師亦就伊邊臥。	僧便起去。

歸宗智常（師）	南泉普願	泉曰：「卓庵且置，畢竟事作麼生？」	師乃打翻茶銚，便起。	泉曰：「師兄吃茶了，普願未吃茶。」師曰：「作這個語話，滴水也難銷。」
學僧	歸宗智常（師）	師曰：「還將得那個來否？」曰：「將得來。」師曰：「在甚麼處？」	僧以手從頂擎捧呈之。	僧無語，師曰：「這野狐兒。」
歸宗智常（師）	學（講）僧	師劇草次，有講僧來參。	師即舉手作接勢，拋向背後。	僧問：「久向歸宗，元來是個麤行沙門。」師曰：「你麤，我麤？」
		曰：「如何是麤？」	忽有一蛇過。師以鉏斷之。	
		曰：「如何是細？」	師豎起鉏頭。	
			師作斬蛇勢。	曰：「與麼，則依而行之。」師曰：「依而行之且置，你甚處見我斬蛇。」僧無對。
普化和尚	盤山寶積（師）	師將順世，告眾曰：「有人邈得吾真否？」眾將所寫真呈，皆不契師意。普化出曰：「某甲邈得。」師曰：「何不呈似老僧？」	化乃打筋斗而出。	師曰：「這漢向後撃風狂去在。」
西堂智藏（師）	慧忠國師	國師問曰：「汝師說甚麼法？」	師從東過西而立。	
		國師曰：「祇這個更別有？」	師卻從西過東邊立。	
百丈處來僧	章敬懷暉（師）	候師上堂次，展坐具，禮拜。	起來拈師一隻鞔鞋，以杉袖拂卻塵了，倒覆向下。	師曰：「老僧罪過。」
學僧	章敬懷暉（師）		遶師三匝，振錫而立。	師曰：「是，是。」

法會（師）	南泉普願	師至來曰，獨入法堂曰：「請和尚道。」祖曰：「且去。待老漢上堂出來問，與汝證明。」	亦遶南泉三匝，振錫而立。	泉曰：「不是，不是。」便去。
馬祖道一	馬祖道一	一日在法堂後坐禪。	師忽有省，遂曰：「謝大眾證明。」乃遶法堂一匝。	兩吹師起，見是祖，卻復入定。
仰山禪師	惟建（師）		馬祖見，乃吹師耳。	師又拍口作和聲。
洪恩禪師	洪恩禪師		仰從西過東。	師又拍口作和聲。
麻谷禪師	麻谷禪師		仰從東過西。	師便打。
寶雲禪師	寶雲禪師	麻谷便問：「眨上眉毛即不問，如何是此事？」師曰：「蹉過也。」	仰當中而立，然後謝戒。	
潙山靈祐	潙山靈祐		谷乃掀倒禪床。	
隱峰禪師		潙聞師叔到，先具威儀，下堂內相看。	師尋常見僧來，便面壁。	潙便歸方丈，師乃發去。……潙曰：「莫道無語，其聲如雷。」
隱峰禪師			師見來，便作臥勢。	
學僧	佛●和尚（師）	師畫一圓相。	師乃倒立而化，亭亭然其衣順體。	師便打。
石臼和尚	馬祖道一	祖曰：「茫然目置，悄然一句作麼生？」	僧作女人拜。	祖曰：「我有七棒寄打烏曰，你還甘否？」師曰：「和尚先吃，某甲後甘。」
百靈和尚	龐居士	士卻問：「阿師得力句，是誰得知？」	師乃戴笠子便行。	士曰：「善為道路。」師更不回首。

人物			
金牛和尚	每日自做飯，供養眾僧。		至齋時，舁飯桶到堂前作舞，呵呵大笑曰：「菩薩子，吃飯來。」
谷山和尚（師）	谷山問：「聲色純真，如何是道？」師曰：「閤道作麼？」	山卻從東過西立。	
	師曰：「若不恁麼，即禍事也。」	山又從西過東立。	師乃下禪床，方行兩步，被谷山捉住，曰：「聲色純真，事作麼生？」師便打一掌。
學僧	問：「大用現前，不存軌則時，如何？」師曰：「汝用得但用。」	僧乃脫膊，遶師三匝。	師曰：「向上事何不道取。」僧擬開口，師便打，曰：「這野狐精出去。」
南泉普願	泉曰：「今時人，須向異類中行始得。」師曰：「異即不問，如何是類。」	泉以兩手拓地。	師近前一踏，踏倒。
趙州和尚（師）	到寶壽。	壽見來，於禪床上背坐。	師展坐具禮拜。
		壽下禪床。	師便出。
趙州和尚	又到茱萸。	執拄杖於法堂上，從東過西。	……師以杖倚壁，便下。
趙州和尚	有一婆子令人送錢，請轉藏經。	師受施利了，卻下禪床轉一匝，乃曰：「傳語婆。轉藏經已竟。」	其人回舉似婆。婆曰：比來請轉全藏。如何祇轉半藏。
趙州處來僧 投子和尚（師）	子曰：「趙州有何言句？」僧舉前話。子曰：「汝會麼？」曰：「不會，乞師指示。」	子下禪床。行三步卻坐。問：「會麼？」	曰：「不會。」

	趙州處來僧		
洛浦和尚	趙州處來僧	上堂：「纔有是非，紛然失心，還有答話分也無？」僧舉似洛浦。	浦扣齒。
趙州和尚	學僧	問：「如何是西來意？」	師下禪床立。
趙州和尚	學僧	師一日於雪中臥，曰：「相救相救。」	有僧便去身邊臥。
趙州和尚	學僧	問：「如何是毗盧師？」	師便起立。
趙州和尚	學僧	僧曰：「如何是法身主？」	師便坐。
日子和尚	因亞溪	因亞溪來參。	師作起勢。溪曰：「這老山鬼，猶見某甲在。」
普化和尚		凡見人無高下，皆振鐸一聲。	
普化和尚	馬步使	師見馬步使出喝道。	師亦喝道作相撲勢。馬步使令人打五棒。師曰：「似即似，是即不是。」
普化和尚		振鐸入棺而逝	
操禪師	米和尚	請米和尚齋，不排坐位。米到，展坐具禮拜。	師下禪床，米乃坐師位，師卻席地而坐。齋訖，米便去。
仰山和尚	古堤和尚	仰山到參。師曰：「去，汝無佛性。」	山叉手近前三步應喏。
祕魔巖和尚		常持一木叉，每見僧來禮拜，即叉卻頭曰：「那個魔魅教汝出家，那個魔魅教汝行腳？道道得也叉下死，道不得也叉下死。速道、速道。」	

秘魔岩和尚	霍山通通和尚		霍山通和尚訪師，纔見不禮拜，便攔人懷裏。師拊通背三下。	通把拍手曰：「師兄三千里外賺我來，三千里外賺我來。」便回。
祇林和尚			每叱文殊普賢皆爲精魅，手持木劍，自謂除魔。纔見僧來參，便曰：「魔來也，魔來也。」以劍亂揮，歸方丈。	如是十二年後。置劍無言。
睦州陳尊宿（師）	學僧	曰：「如何是揑聚？」	師乃斂手而坐。	
日容遠和尚	巖上座	巖曰：「且休，未要斷這公案。」	師將拄杖舞歸方丈。	巖無語
道吾和尚	學僧	僧問：「手中劍甚處得來？」	有時執木劍，橫肩上作舞。師擲於地，僧卻置師手中。	師曰：「甚處得來？」僧無對。
道吾和尚（師）	趙州和尚（師）	趙州訪師。	師乃著豹皮褌、執吉獠棒，在三門下翹一足等候，纔見州便高聲唱喏而立。	州曰：「小心祇候著。」師又唱喏一聲而去。
道吾和尚（師）	學僧	問：「如何是和尚家風？」	師下禪床作女人拜曰：「謝子遠來，無可祇待。」	
寶際尼姑	俱胝和尚	有尼名實際，來，	戴笠子執錫遶師三匝，曰：「道得即下笠子。」	如是三問，師皆無對。
青原行思	神會	師曰：「曹溪意旨如何？」	會振身而立。	師曰：「猶帶瓦礫在。」
藥山惟儼	學僧	問：「平田淺草，麈鹿成群。如何射得麈中主？」師曰：「看箭。」	僧放身便倒。	師曰：「待客者，拖出這死漢。」

丹霞天然	馬祖道一		僧便走。	師曰：「弄泥團漢，有甚麼限？」時大眾驚愕。
丹霞天然	石頭希遷	忽一日，石頭告眾曰：「來日剗佛殿前草。」至來日，大眾諸童行各備鍬鑱剗草。	再往江西謁馬祖。未參禮，便入僧堂內，騎聖僧頸而坐。	
			獨師以盆盛水，沐頭於石頭前，胡跪。	
丹霞天然		頭見而笑之，便與剃髮，又為說戒。		
丹霞天然	慧忠國師	明日再往禮拜。	見國師便展坐具。	國師曰：「不用，不用。」
			師退後。	國師曰：「如是，如是。」
			師卻進前。	國師曰：「不是，不是。」
			師遶國師一匝便出。	
靈照	丹霞天然	訪龐居士，見女子靈照洗菜次，師曰：「居士在否？」	女子放下菜籃，斂手而立。	師逐回。
		師又問：「居士在否？」	女子提籃起便行。	
江陵僧	丹霞天然（師）	師問：「幾時發足江陵？」	僧提起坐具。	師曰：「謝子遠來，下去。」
			僧繞禪床一匝，便出。	
大顛門下首座	韓愈	次日再來，至門前見首座，舉前話問意旨如何。	座扣齒三下。	師曰：「若不恁麼，爭知眼目端的？」
大顛寶通	韓愈	及見師，理前問。	師亦扣齒三下。	公曰：「原來佛法無兩般。」

學僧	長髭曠禪師	師曰：「這漢猶少教詔在。」僧卻回曰：「有一人不從人得，不受教詔。不落階級。師還許麼？」師曰：「逢之不逢，逢必有事。」	僧參，透禪床一匝，卓然而立。	師曰：「若是石頭法席，一點也用不著。」
			僧又透禪床一匝。	師曰：「卻是恁麼時，不易道個來處。」僧便出去。師乃喚，僧不顧。
			僧乃退身三步。	
僧眾	龐居士		師卻透禪床一匝。	僧曰：「不唯宗眼分明，亦乃師承有據。」師乃打三棒。
龐居士		龐居士到，師升座，眾集定。	士出曰：「各請自檢好。」卻於禪床右立。	僧無對。土便拓開。
大同濟禪師			米胡請眾來，纔欲相見，卻曳轉禪床便坐。	
			師便拽轉禪床，面壁而坐。	
		合寺皆請米來。	米於背後卻立，少時卻回客位。	
			師乃透禪床一匝，便歸方丈。	
			米卻拽倒禪床，領眾便出。	
夾山和尚			山擬開口，師又打。	師曰：「是即是。若不驗破，已後遭人貶剝。」
舟子德誠			山豁然大悟，乃點頭三下。	

主體	對象	情境	非言語行為	言語反應
翠微無學禪師	丹霞天然	初問丹霞曰：「如何是諸佛師？」霞咄曰：「幸自可憐生，須要執巾帚作麼？」	師退身三步。	霞曰：「錯。」
			師進前。	霞曰：「錯，錯。」
			師翹一足，旋身一轉而出。	霞曰：「得即得，孤他諸佛。」師由是領旨。
性空禪師	學僧	僧參。	師乃展手示之。	
		師曰：「少間與闍黎學瞑。」	僧近前，卻退後。	師曰：「父母俱喪，略不慘顏。」僧呵呵大笑。
			僧打筋斗而出。	師曰：「蒼天，蒼天。」
米倉和尚	學僧	新到參。遶師三匝，敲禪床曰：「不見主人公，終不下參。」眾。		師曰：「甚麼處情識去來？」曰：「果然主人公不在。」師便打一拄杖。
三平義忠	學眾	升座次。	有道士出眾從東過西，西過過東。	師曰：「適來道士卻有見處，師僧未在。」
		士出禮曰：「謝師接引。」	師便打，僧出作禮曰：「乞師指示。」師亦打。	
道吾和尚		在道吾為侍者，因過茶與吾，吾提起盞曰：「是邪是正？」	師叉手近前，目視吾。	吾曰：「邪則總邪，正則總正。」
漸源仲興		他日，持鍬復到石霜，從西過東。	於法堂上從東過西，從西過東。	
石霜和尚	漸源仲興			霜曰：「作麼？」師靈骨。
漸清禪師	學僧	僧參，師以目視之。僧曰：「是個機關，於某甲分上用不著。」	師彈指三下。	

人物	機語	體勢	師語
		僧透禪床一匝，依位立。	師曰：「參堂去。」僧始出，師便喝。
幽溪和尚 學僧	僧問：「大用現前，不存軌則時如何？」僧擬進語。	僧卻以目視之。	師曰：「灼然用不著。」僧禮拜。
		師起，透禪床一匝而坐。	師曰：「汝恁麼找不恁麼，汝不恁麼找卻恁麼。」
	僧再擬進語。	師與一蹋，僧歸位而立。	
善會禪師 學僧	有僧問：「承和尚有言，二十年住此山，未曾舉著宗門中事，是否？」師曰：「是。」	師又與一蹋。	師休去。
善會禪師 虎頭上座	師曰：「片月難明，非關天地。」	僧便掀倒禪床。	
	師曰：「且緩緩。衲著上座甚麼處？」	頭曰：「莫家沸。」便作掀床勢。	
		頭驀起拳曰：「目前還著得這個麼？」	師曰：「作家、作家。」
		頭又作掀禪床勢。	
大同禪師 巨嶽禪客	巨嶽禪客參次。師曰：「老僧未曾有一言半句示於僧？何用要見老僧？」榮曰：「到這裡不施三拜，要且不甘。」師曰：「出家兒得恁麼沒牌記？」	榮乃透禪床一匝而去。	師曰：「大眾看這一員戰將。若是門庭布列，山僧不如他。若據入理之談，也較山僧一級地。」

禪師	對象	情境／言語	非言語行為
大同禪師	學僧	問:「如何是十身調御?」	師下禪床立。
		問:「那吒析骨還父,析肉還母,如何是那吒本來身?」	師放下拂子,叉手。
		問:「凡聖相去幾何?」	師下禪床立。
洪薦禪師	學僧	師曰:「青天白日,卻被鬼迷。」僧作掀禪床勢。	師便打。
洪薦禪師	學僧	僧參。僧便作起勢。	僧便出。
	學僧	師曰:「闍黎幾日來人事。」僧回作抽身具坐勢。	師卻歸方丈。
元安禪師	灰山處來僧	師遊蘇谿,直往灰山卓庵,經年不訪灰山。山乃修書,令僧馳往。師接得便坐卻,再展手案。	僧無對,師便打。
灰山和尚		師果三日後至。見灰山不禮拜,乃當面叉手而立。	
袞普禪師	學僧	有僧到參。禮拜起立,師曰:「大才藏拙戶。」僧過一邊立。	師曰:「要斲棟梁材。」
常察禪師	學僧	僧曰:「何也?」師曰:「精陽不剪霜前竹,不剪…水墨徒誇海上龍。」僧遶禪床而出。	師曰:「閉目食蝸牛,一場酸澀苦。」
常察禪師	學僧	新到持錫遶師三匝,振錫一下曰:「凡聖不到處,請師道。」師鳴指三下。	
德山宣鑑	馮山和尚	從西過東,從東過西。顧視方丈曰:「有麼,有麼?」	山坐次,殊不顧眄。
德山宣鑑	學僧	師見僧來,乃閉門。	

岩頭全豁		其僧敲門，師曰：「阿誰？」曰：「師子兒。」師乃開門，僧禮拜。	師騎僧項曰：「這畜生甚處去來？」	嚴無語。
岩頭全豁	小嚴上座	時小嚴上座問：「如何是塗毒鼓？」	師以兩手按膝，亞身曰：「韓信臨朝底。」	
雪峰義存	學僧	問僧：「甚處來？」曰：「西京來。」師曰：「黃巢過後，還收得劍麼？」曰：「收得。」	師引頸近前曰：「●。」	曰：「師頭落也。」師阿阿大笑。
雪峰義存	學僧	問：「承古有言。」	師便作臥勢。	良久起曰：「問甚麼？」僧再舉，師曰：「這生浪死漢。」
雲門和尚	雪峰義存	上堂：「南山有一條鱉鼻蛇，汝等諸人切須好看。」長慶出曰：「今日堂中大有人喪身失命。」	雲門以拄杖攛向師前，作怕勢。	
雪峰義存	學僧	一日，有兩僧來。	師以手拓庵門，放身出曰：「是甚麼？」	僧亦曰：「是甚麼？」
雪峰義存			師低頭歸庵。	僧辭去。
涅槃禪師（師）	雪峰義存	盤以竹篾敲師轎，師乃出轎相見。師曰：「曾郎萬福。」	師遽展兩手丈夫拜。	
		師曰：「莫是女人麼？」	盤作女人拜。	
			盤又設兩拜，遂以竹篾畫地，身勢繞師轎三匝。	師曰：「某甲三界內人，你三界外人。你前去，某甲後來。」盤回，師隨至。
羅山道閑	學僧		師豎起拳曰：「靈山會上，喚這個作甚麼？」	曰：「拳教。」

主體	對象			
雪峰義存	僧眾	師笑曰：「若恁麼，喚作拳教。」	復展兩足曰：「這個是甚麼教？」	僧無語。師曰：「莫喚作腳教麼？」
玄沙師備		雪峰普請畬田次。	見一蛇，以杖挑起，召眾曰：「看，看。」以刀芟為兩段。	眾愕然，峰曰：「俊哉。」
玄沙師備	學僧	問：「如何是金剛力士？」	師以杖拋於背後。	
保福從展	學僧	師見僧吃飯，乃拓鉢曰：「家常。」	師吹一吹。	僧曰：「和尚是甚麼心行？」
	飯頭僧	師問飯頭：「鑊闊多少？」曰：「和尚試量看。」	師以手作量勢。	
靈照真覺	學僧	曰：「和尚短多少？」	師卻蹲身作短勢。	
	學僧	曰：「草童能歌舞，未審今時還有無？」	師下座作舞勢。	「沙彌會麼？」
皎然禪師	雪峰義存	峰問師：「持經者能荷擔如來，作麼生是荷擔如來？」	師乃捧雪峰向禪床上。	
雪峰義存	學僧	普請次。	雪峰負一束藤，路逢一僧便拋下。	
			僧擬取，峰便踢倒。	
學僧	永泰和尚	僧問師：「承聞和尚見尼，是否？」師曰：「是。」師作尼聲。	僧作打勢。	
字上座	雪峰義存	峰嘗問師：「見說臨濟有三句，是否？」師曰：「是。」師曰：「作麼生是第一句？」	師舉目視之。	師曰：「這死漢。」

祖師				
孚上座	學僧	峰曰：「此猶是第二句，如何是第一句？」	師又手而退。	僧無對。師曰：「小狗子不消一踢。」
玄泉和尚	諳機超慧	師在庵前立，有僧問：「如何是觸目菩提？」	師踢狗子，作聲走。	
		後到玄泉，問：「如何是祖師西來意？」	泉拈起一莖皂角曰：「會麼？」	師曰：「不會。」
			泉放下皂角，作洗衣勢。	師便禮拜曰：「信知佛法無別。」
定慧禪師	勝光	光坐次。	師直入身邊，又手而立。	
		光問：「甚處來？」師曰：「猶待答話任。」便出。	光拈得拂子，趁至僧堂前，見師乃提起拂子曰：「闍黎喚這個作甚麼？」	師曰：「敢死喘氣。」光低頭，光歸方丈。
羅山道閑	義澄常真	師問：「百年後忽有人問，和尚以何指示？」	山乃放身便倒。	師從此契悟。
睡龍山和尚	學僧	僧問：「如何是觸目菩提？」	師以杖趁之。	僧乃走，師曰：「住、住。向後遇著作家舉看。」
洪儼禪師		上堂，大眾集定。	師下座，捧香爐巡行大眾前曰：「供養十方諸佛。」	便歸方丈。
咸澤禪師	學僧	僧問：「如何是覿面相呈事？」	師下禪床曰：「伏惟尊體，起居萬福。」	
學僧	從踩洪忍禪師		有僧出禮拜起，退身立。	師曰：「我不如汝。」僧應諾。
皷山和尚	智作真寂禪師	一日，皷山上堂。召大眾，眾皆回眸。	山拈此襟示之。	眾罔措，唯師朗悟厥旨，入室印證。

智作真寂禪師	鼓山和尚	又參次，山召曰：「近前來。」師近前。山曰：「南泉喚院主，意作麼生？」	師斂手端容，退身而立。	山崇然奇之。
	儀晏開明禪師	上堂，眾集。以扇子拋向地上，智者作曰：「愚人謂金是土，智者作麼生？後生可畏，不可總守愚去也。還有人道得麼去也。還有人道得麼？出來道看？」	時有僧出禮拜，退後而立。	師曰：「別更作麼生？」曰：「請和尚明鑒。」師曰：「千年桃核。」
	學僧	上堂，大眾雲集。	師從座起作舞，謂眾曰：「會麼？」	對曰：「不會。」
彥端禪師	學僧	問：「如何是學人自己？」	師與一踏，僧作接勢。師便與一摑。	僧無語，師曰：「賺殺人。」
志端禪師	學僧	僧參。師乃問：「未到這裡時，在甚處安身立命？」	僧又手近前，師亦手近前，相併而立。	
裹樹和尚		師乃問：「若到諸方，有人問你老僧此間法道，作麼生道？」曰：「待問即問道。」師曰：「何處有無口底佛？」曰：「紙這也還難。」	師豎拂子曰：「還見麼？」	
		曰：「何處有無眼底佛？」師曰：「紙這也還難。」	僧遶禪床一匝而出。	
		師曰：「善能紙對。」僧便喝。師曰：「用識作麼？」師曰：「老僧不識子。」	師敲禪床三下。	

百丈懷海	溈山靈祐	丈曰：「汝撥爐中有火否？」師撥之曰：「無火。」	丈躬起深撥得少火，舉以示之曰：「汝道，無這個聾？」	師由是發悟。
溈山靈祐	百丈懷海	丈曰：「將得火來麼？」師曰：「將得來。」丈曰：「在甚麼？」	師乃拈一枝柴吹兩吹，度與百丈。	丈曰：「如蟲御木。」
溈山靈祐	百丈懷海	丈曰：「若能對眾下得一語出格，當與住持。」即指淨瓶問曰：「不得喚作淨瓶，汝喚作甚麼？」林曰：「不可喚作木揆也。」丈乃問師。	師踢倒淨瓶便出去。	丈笑曰：「第一座輸卻山子也。」
火頭僧	溈山靈祐	師在法堂坐，庫頭擊木魚。	火頭擲卻火抄，拊掌大笑。	師曰：「眾中也有恁人？」遂喚來問：「你作麼生？」火頭曰：「某甲不吃粥肚饑，所以歡喜。」師乃點頭。
仰山慧寂	溈山靈祐	仰山踢衣次。	提起問師曰：「正恁麼時，和尚作麼生？」	師曰：「正恁麼時，我這裡無作麼生？」
仰山慧寂	溈山靈祐	上堂：「仲冬嚴寒年年事，還推移運事若何？」	仰山進前，叉手而立。	師曰：「我情知汝答這話不得。」
香嚴智閑	溈山靈祐	香嚴曰：「某甲偏答得這話。」	師躡前問，嚴亦進前，叉手而立。	師曰：「賴遇寂子不會。」
溈山靈祐	劉鐵磨	師一日見劉鐵磨來，師曰：「老牸牛，汝來也。」磨曰：「來日臺山大會齋，和尚還去麼？」	師乃放身作臥勢。	磨便出去。

溈山靈祐	學僧	有僧來禮拜。	師作起勢。	僧曰:「請和尚不用起。」師曰:「老僧未曾坐。」僧曰:「某甲未曾禮。」師曰:「何故無禮?」僧無對。
溈山靈祐	學僧	問:「如何是百丈真?」	師下禪床,叉手立。	
		曰:「如何是和尚真?」	師卻坐。	
溈山靈祐	仰山慧寂	師問仰山:「即今事且置,古來事作麼生?」	仰叉手近前。	
		師曰:「猶是即今事,古來事作麼生?」	仰退後立。	
		師曰:「汝屈我,我屈汝。」	仰便禮拜。	
仰山慧寂 香嚴智閑		仰山香嚴侍立次。師舉手曰:「如今恁麼者少,不恁麼者多。」	溈山靈祐	師曰:「這個因緣,三十年後如金擲地相似。」仰曰:「亦須是和尚提唱始得。」嚴曰:「即今亦不少。」師曰:「合取口。」
溈山靈祐	仰山慧寂	仰作入來。	師以兩手相交示之。	
仰山慧寂		仰作女人拜。		
溈山靈祐		師曰:「出頭事作麼生?」	仰繞禪床一匝。	師曰:「如是,如是。」
仰山慧寂		師睡次,仰山問訊。	師便回面嚮壁。	師曰:「裂破古今。」

仰山慧寂	溈山靈祐	仰曰：「和尚向得何如此？」師起曰：「我適來得一夢，你試為我原看。」	仰取一盆水，與師洗面。	
香嚴智閑	溈山靈祐	少頃，香嚴亦來問訊。師曰：「我適來得一夢，寂子為我原了。汝更與我原看。」	嚴乃點一碗茶來。	師曰：「二子見解，過於鶖子。」
溈山靈祐	李軍容	師因圓泥壁次，李軍容來，具公裳，直至師背後，端笏而立。	師回首見，便側泥盤作接泥勢。	
			李便轉笏作進泥勢。	
			師便拋下泥盤，同歸方丈。	
仰山慧寂	耽源真應	耽源上堂。	師出眾，作此○相以手拓呈了，卻叉手立。	
			源以兩手相交，作拳示之。	
			師進前三步，作女人拜。	
			源點頭。	師便禮拜。
仰山慧寂	溈山靈祐	後參溈山。溈問：「汝是有主沙彌，無主沙彌？」師曰：「有主。」曰：「主在甚麼處？」	師從西過東立。	
仰山慧寂	岩頭全豁	後參岩頭，頭舉起拂子。	師展坐具。	
			岩拈拂子置背後。	
			師將坐具搭肩上而出。	岩曰：「我不肯汝放，祇肯汝收。」

仰山慧寂	潙山靈祐	掃地次。潙問:「塵非掃得，空不自生。如何是塵非掃得?」	師掃地一下。
		潙曰:「如何是空不自生?」	師指自身又指潙。
		潙曰:「塵非掃得，空不自生。又作麼生?」離此二途，又作麼生。	師又掃地一下，又指自身並指潙。
仰山慧寂	潙山靈祐	師在潙山，為直歲，作務歸。潙問:「甚麼處去來?」師曰:「田中來。」潙曰:「田中多少人?」	師插鍬叉手。
		潙曰:「今日南山，大有人刈茅。」	師拔鍬便行。
仰山慧寂	學僧	僧參次。便問:「和尚還識字否?」師曰:「隨分。」	僧以手畫此○相拓呈。
			師以衣袖拂之。
			僧又作此○相拓呈。
			師以兩手作背拋勢。
			僧以目視之。
			師低頭。
			僧遶師一匝。
學僧	仰山慧寂	師坐次。有僧來作禮，師不顧。其僧乃問:「師識字否?」師曰:「隨分。」僧乃右旋一匝，曰:「是甚麼字?」	師於地上畫十字酬之。
			師便打，僧遂出去。

啟悟／回應	體勢動作	情境	對象	禪師
師改十字作卍字。	僧又左旋一匝，曰：「是甚麼字？」			
師乃畫此●相對之。	僧畫此○相，以兩手拓，如修羅掌日月勢。曰：「是甚麼字？」			
師曰：「如是，如是。此是諸佛之所護念，汝亦如是，吾亦如是。善自護持。」其僧禮謝，騰空而去。	僧乃作禮至德勢。			
	見一僧從外來。便問訊了，向東邊叉手立，以目視師。	師一日在法堂上坐。	學僧	仰山慧寂
	師乃垂下左足。			
	僧卻過西邊叉手立。			
	師垂下右足。			
	僧向中間叉手立。			
	師收雙足。			
師曰：「老僧自住此，未曾打著一人。」拈拄杖便打，僧便騰空而去。	僧禮拜。			
溈曰：「此子堪為法器。」	師便抽身出去。溈召之，師更不回顧。	初在溈山，山上堂曰：「汝等諸人，祇得大機，不得大用。」		九峰慈慧
者曰：「和尚為甚麼禮俗人？」師曰：「汝不見道尊重弟子。」	師乃禮拜。	有行者問：「如何是佛法大意？」	行者	霍山景通

霍山景通	僧眾		日午，師自執炬登積薪上，以笠置頂後，作圓光相。手執柱杖，作降魔杵勢，立終於紅焰中。	
玄則禪師	學僧	開堂日。	僧舉頭看師，又看法眼，乃抽身入眾。	法眼與李王當時失色。
上泉和尚	學僧	問：「遠遠投師，如何一接？」	師按杖視之。	其僧禮拜，師便喝。
鴈蕩山願齊禪師	學僧	上堂，僧問：「夜月舒光，為甚麼碧潭無影？」師曰：「作家弄影漢。」	其僧從東過西立。	師曰：「不唯弄影，兼乃怖頭。」
黃檗希運	臨濟義玄	師普請鋤地次。	見黃檗來，挂鍬而立。	檗曰：「這漢困那。」師曰：「遮困漢，因個甚麼？」檗也未舉，便打。
		維那扶起曰：「和尚爭容得這風顛漢。」風顛漢無燈。	師接住棒，一送送倒。	檗呼維那：「扶起我來。」
趙州和尚	臨濟義玄	趙州遊方到院，在後架洗腳次。師便問：「如何是祖師西來意？」州曰：「恰遇山僧洗腳。」	師近前作聽勢。	州曰：「會即便會，啄啄作什麼？」師便歸方丈。
臨濟義玄	俞谷和尚	谷問：「大悲千手眼，那個是正眼？」師擬住曰：「大悲千手眼，作麼生是正眼？速道，速道。」	谷拽師下禪床，卻坐。	

名	內容一	內容二	內容三
臨濟義玄	師問問訊曰：「不審。」合便喝。師便喝。	拽合下禪床，卻坐。合便出。	
普化和尚	次日又赴齋，師復問：「今日供養，何似昨日？」	化又蹋倒飯床。	師曰：「得即得，大麤生。」
臨濟義玄	化喝曰：「瞎漢，佛法說甚麼籮糏。」	師乃吐舌。	
學僧	師曰：「千聖現在。」曰：「阿誰證明？」	師便攛下拂子。	
寶壽沼禪師		僧從西過東立。	師便打。
道吾和尚	又到道吾。	吾預知，以緋抹額，持神杖於門下立。	師曰：「小心祇候。」吾應喏。
三聖院慧然禪師	師拈棒。	僧乃轉身作受棒勢。	師曰：「下坡不走，快便難逢。」便棒。僧曰：「這賊。」便出去，師遂拋下棒。
學僧	師訪寶壽，壽坐不起。	師展坐具。	
善崔和尚		壽下禪床。	
		師卻坐。	知事見師坐不起，曰：「請和尚庫下吃茶。」師乃歸院。
	壽驀入方丈。	壽驀入方丈，閉卻門。	
	翌日，寶壽來復謁。	師蹋踞禪床，壽展坐具，師亦下禪床。	
寶壽沼禪師		壽卻坐，師歸禪床。	壽入侍者寮，取灰圍卻方丈門，便歸去。師逐開門見曰：「我不恁麼，他卻恁麼。」

主體	言語內容	非言語動作	回應
學僧	日：「發菱餿飯誰吃？」師日：「獨有闍黎不甘吃。」	其僧乃作吐勢。	師喚侍者日：「扶出這病僧著。」僧便出去。
雲山和尚		師見僧來，便作起勢。	僧便出去，師日：「得便宜靈利。」
學僧	僧問：「和尚這裡忽遇大蟲，作麼生？」師便作大蟲吼。	僧作怖勢。	師大笑。
巖上座	離臨濟參德山	山纔見，下禪床作抽坐具勢。	
南院慧顒禪師	上堂：「赤肉團上，壁立千仞。」僧問：「赤肉團上，壁立千仞，豈不是和尚道？」師日：「是。」	僧便掀倒禪床。	師日：「這瞎驢亂作。」僧擬議，師便打。
溈山	溈異果日上法堂次，師召溈	溈舉首。	師日：「錯。」
巖上座		溈進三兩步。	師又日：「錯。」
鎮州大悲和尚	問：「如何是和尚密用？」	師拈棒，僧轉身受棒。	師抛下棒日：「不打這死漢。」
學僧		僧作舞而出。	師日：「賊首頭犯。」
宋州法華院和尚	僧隨手打一掌，師拓開日：「老僧今日失利。」		
風穴延沼		師乃拂袖下去。	
首山省念（師）	穴遂上堂，舉世尊以青蓮目顧視大眾時，乃日：「正當恁麼時，且道說個甚麼？若道說個甚麼？又是埋沒先聖。且道說個甚麼？」	穴擲下拄杖。	
石霜楚圓慈明		師室中插劍一口，以草鞋一對，水一盆，置在劍邊。每見入室，即日：「看！看！」	有至劍邊擬議者，師日：「險！喪身失命了也。」便喝出。

人物		問答情境	體勢	啟悟
石霜楚圓慈明		有旨賜官舟付南歸。中途謂侍者曰：「我忽得風癱疾。」	視之口吻已喎斜。	侍者以足頓地曰：「當奈何？平生呵佛罵祖，今乃爾。」師曰：「無憂。為汝正之。」以手整之如故，曰：「而今而後，不鈍置汝。」
大道谷泉（師）	楚圓慈明	師作虎聲。	明卻作虎聲。	
龍華寺曉愚禪師	五祖戒和尚	到五祖戒和尚處。祖問曰：「不落唇吻一句，作麼生道？」師曰：「老老大大，話頭也不照顧。」祖便喝，師亦喝。	明以坐具具擲，師接住，推明置禪床上。	
		祖召曰：「闍黎且住，話在。」	祖拈拄杖，師拍手便出。	
	環大師	師將坐具搭在肩上，更不回首。		
楊億	環大師	公因微志，問環大師曰：「某今日忽達和大師慈悲，如何醫療？」環曰：「丁香湯一盞。」	公便作吐勢。	環曰：「恩愛成煩惱。」
	學倫	環為煎藥次。公呷曰：「有眼。」	環下藥於公前，叉手側立。	公瞠目視之曰：「少叢林漢。」環拂袖而出。
道吾悟真禪師	學倫	上堂：「師子兒哮吼，龍駒驟跳。古佛鏡中明，三山孤月皎。」	遂作舞，下座。	
師子淨端			遂旋里，合彩為師子皮，時披之，因號端師子。	
洞山良價	幽上座		師見幽上座來，遂起向禪床後立。	

人物	言語情境	非言語行為	回應
雲居道膺	問：「如何是口訣？」師曰：「近前來。」僧近前。	師攔擲拂子曰：「會麼？」	曰：「不會。」師曰：「鷂雀兒也不會？」
	問：「馬祖出八十四人善知識，未審和尚出多少人？」	師展手示之。	
	師曰：「你作麼生會？」僧喝。師曰：「這老和尚。」師曰：「元來不會。」	僧作舞出去。	師曰：「沿臺盤乞兒。」
疏山匡仁	師到夾山。山上堂。	師作掀禪床勢。	
疏山匡仁 岩頭和尚	師參岩頭。	頭見來，乃低頭佯睡。師近前而立，頭不顧。師拍禪床一下。	頭回首曰：「作甚麼？」師曰：「和尚且瞌睡。」拂袖便行。
北院通禪師 夾山和尚	初參夾山。問曰：「目前無法，意在目前。不是目前法，非耳目之所到。豈不是和尚語？」山曰：「是。」	師乃掀倒禪床，叉手而立。	
夾山和尚	山上堂曰：「坐斷主人公，不落第二見。」師出眾曰：「須知有一人不合伴。」山曰：「猶是第二見。」	師便掀倒禪床。	
學僧 從志玄明	僧參。繞入方丈，師便打。僧曰：「是，是。」師又打。僧曰：「不是，不是。」	師作禮拜勢，僧作拓勢。	
學僧	師曰：「作麼生過得金峰關？」曰：「公驗分明。」師曰：「試呈似金峰看。」	僧展兩手。	師曰：「金峰關從來無人過得。」

師	僧／對象	緣起問答	體勢	結果
	學僧	僧問訊次。師把住曰：「輒不得向人道，我有一則因緣舉似你。」	僧作聽勢，師與一掌。	僧曰：「為甚麼打某甲？」師曰：「我要這話行。」
從志玄明	騂道者	騂道者來。	師擎起經作攬衣勢，以目視之。騂提起坐具，以目視師。	
同安丕	學僧	師看經次。	見僧來參，遂以衣袖蓋卻頭。僧近前作弔慰勢。	
		師放下衣袖，提起經曰：「會麼？」	僧卻以衣袖蓋頭。	師曰：「蒼天、蒼天。」
嵩山章	雪峰義存	師後謁雪峰。峰問：「莫是草菜頭麼？」	師乃作輪椎勢。	峰肯之。
東禪和尚	學僧	僧問：「如何是新吳劍？」	師作拔劍勢。	
鈞首座	學僧	一日荷鉏入園。僧問：「三身中那一身去作務？」	師拄鉏而立。	
		僧曰：「莫便當也無。」	師擺鉏便行。	
雲門文偃	學僧	「吾問汝，作麼生是初生月？」	僧乃斫額作望月勢。	
寶華和尚		師有時戴帽子，謂眾曰：「若道是俗，且身披袈裟；若道是僧，又頭戴冠子。」		眾無然對。
北禪智賢	維那	師遂持下頭帽，擲在地上，那便跳下禪床，攔胸搊住，曰：「賊、賊。」		那將帽子覆師師頂曰：「天差，且還和尚。」師呵呵大笑，那便出去。

當明佛印	學僧	僧問：「正法眼藏，涅槃妙心。」便請拈出。	師直上觀。	
積翠永庵主		擲下拂子。	時有僧就地拈起，吹一吹。	師便喝曰：「誰知續火柴頭，從這漢邊燒煙消火滅去。」乃拂袖歸庵。
福巖文演	學僧		僧吐舌而去。	已而有省。
上藍順		僧問：「如何是佛？」	師當面便唾。	
蘇轍		公咨以心法。	順示搖鼻因緣。	
二靈知和庵主	學僧	僧至禮拜，師曰：「近離甚處？」曰：「天童。」師曰：「天童峰高多少？」	僧以手斫額，作望勢。	師曰：「猶有這個在。」
	學僧	曰：「卻請庵主道。」	師卻作斫額勢。	僧擬議，師便打。
大潙和尚		曰：「還會轉身麼？」	師提起坐具，繞禪床一帀。	遂曰：「不是這個道理。」師趯出。
慧目蘊能	僧眾	眾纔集。	師於眾前，以兩手捏拳安頭上，以坐具畫一畫，打一圓相，便繞身三步、作女人拜。	首座曰：「休捏怪」師曰：「和尚休」座曰：「捏怪」師曰：「兔子吃牛奶。」
楊岐方會			第二座近前，打一圓相，便繞香，亦退身三步、作女人拜。師近前作聽勢。	座擬議，師打一掌曰：「這漆桶也亂做。」
五祖法演		遂參究累日，忽然省悟。從前寶惜，一時放下。走見白雲。	雲為手舞足蹈。	師亦一笑而已。
白雲守端				

人物	對機	機緣	體勢	備註
元禮首座	清遠佛眼	師愈疑，遂咨決於元禮首座。	禮乃以手引師之耳，繞爐數匝，且行且語曰：「你自會得好。」	
文殊心道	佛鑑和尚	鑑見來便閉門，師曰：「和尚莫謾某甲。」鑑云：「十方無壁落，何不入門來？」	師以拳擲破窗紙。	
		鑑即開門擒住云：「道！道！」	師以兩手捧鑑頭，作口啐而出。	
晦庵彌光	學僧	曰：「三寶已蒙師指示，向上宗乘事若何？」師曰：「王喬詐仙得仙。」僧呵呵大笑。	師乃叩齒。	
一庵善直禪師	妙喜禪師	一日，喜問之曰：「上座甚處人？」曰：「安州人。」喜曰：「我聞你安州人會廝撲，是否？」	師便作相撲勢。	
		喜曰：「湖南人吃魚，因甚湖北人著鯁？」	師打筋斗而出。	
目庵守仁	雪堂道行	喝一喝云：「只今當發也。看，看。」	師不覺倒身作避箭勢，忽大悟。	喜曰：「誰知郃冷灰裏，有粒豆爆出。」

附錄四：禪宗非言語思維觀照下的 《滄浪詩話》──以「第一義」 為討論中心

　　南宋末，嚴羽撰《滄浪詩話》，倡「以禪喻詩」，歷代毀譽參半。一類觀點是來自教外，主要是認為詩之妙處與佛禪之事並無直接聯繫，因此反對「以禪喻詩」。或有學者站在傳統儒家詩教的立場，批評嚴羽倡導「妙悟」、玄上參玄的詩學觀點，有悖儒家精神，如潘德輿在《養一齋詩話》卷一曰，「滄浪者謂其專以妙悟言詩，非溫柔敦厚之本」，〔註1〕或李重華《貞一齋詩說》曰，「嚴滄浪以禪悟論詩，王阮亭因而選《唐賢三昧集》。試思詩教自尼父論定，何緣墮入佛事？」〔註2〕中國傳統詩教注重詩歌與現實的關聯性，認為詩歌可以「興、觀、群、怨」，具備「美刺」功能，能對社會發揮積極的功效，因此要求詩歌發揮其「發乎情，止乎禮」積極於世的一面。所謂「詩乃人生日用中事，禪何為者」，正是此意。〔註3〕這一觀點由來已久，甚至在嚴羽當時，他就受到身邊人的非議。在《答出繼叔臨安吳景仙書》中嚴羽就曾自述到，「吾叔謂：『說禪非文人儒士之言。』」可見嚴羽提出「以禪喻詩」對傳統詩教的衝擊之大。

〔註1〕潘德輿《養一齋詩話》卷一，見郭紹虞主編《清詩話續編》，上海：上海古籍出版社1999年，2010頁。

〔註2〕李重華《貞一齋詩說》，見王夫之等撰《清詩話》，上海：上海古籍出版社1999年，937頁。

〔註3〕潘德輿《養一齋詩話》卷一，見郭紹虞主編《清詩話續編》，上海：上海古籍出版社1999年，2010頁。

　　或有學者認爲，在佛禪傳入中國之前，早已有絕妙之詩。因此詩之妙處，與佛禪之事無關涉。袁枚在《隨園詩話補遺》卷一曰，「毛詩三百篇，豈非絕調，不知爾時禪在何處，佛在何方？」〔註4〕或有學者，認爲詩歌是語言的藝術，因此直接反對禪宗「不立文字」、「言語道斷」的態度，認爲與詩道背道而馳。劉克莊《題何秀才詩禪方丈》曰，「詩家以少陵爲祖，其說曰，語不驚人死不休；禪家以達摩爲祖，其說曰，不立文字。詩之不可爲禪，猶禪之不可爲詩也。……夫至言妙義，固不在於言語文字，然捨眞實而求虛幻，厭切近而慕闊遠，久而忘返，愚恐君之禪進而詩退矣。」〔註5〕

　　另一種對嚴羽批評的觀點來自教內，主要認爲嚴羽雖然倡導「以禪喻詩」，但事實上並不懂禪。如方桀如在《偶然欲書》中稱之爲「野狐禪」，徐增在《而庵詩話》也說，「滄浪病在不知禪，不在以禪論詩也。」〔註6〕對此馮班在《嚴氏糾謬》有更深入的討論，他說，「以禪喻詩，滄浪自謂親切透徹者。自余論之，但見其漫漶顛倒耳。」在馮班看來，「滄浪之言禪，不惟未經參學南北宗派大小三乘，此最是易知者，尚倒謬如此，引以爲喻，自謂親切，不已妄乎？至云『單刀直入』，云『頓門』，云『活句』、『死句』之類，剽竊禪語，皆失其宗旨，可笑之極。」〔註7〕對嚴羽雖「以禪喻詩」但實際上並不怎麼懂禪的觀點，在當代文學批評史叢書也可見到。如郭紹虞在《中國文學批評史》中指出，「他雖以禪喻詩，然而對於禪學並沒有弄清楚。他以漢、魏、盛唐爲第一義，大曆爲小乘禪，晚唐爲聲聞辟支果，殊不知乘只有大小之別，聲聞辟支也即在小乘之中。他稱：『學漢、魏、晉與盛唐詩者，臨濟下也；學大曆已還之詩者，曹洞下也。』是又不知禪家只有南北之分，而臨濟元禪師，曹山寂禪師，洞山價禪師，三人並出南宋，原無高下勝劣可言。何況臨濟、曹、洞俱是最上一乘，而現在分別比喻，似乎又以曹、洞爲小乘了。」〔註8〕王運熙、顧易生編寫的《中國文學批評史新編》認爲，「他只是爲了藉以把詩歌理論說得清楚明白，並非有意在儒佛之間有所取捨。他對於禪學未必有深入研究，有些禪語的運用也不準確。」

〔註4〕袁枚《隨園詩話補遺》卷一，北京：人民文學出版社 1982 年，565 頁。
〔註5〕劉克莊《後村大全集》卷九九，四部叢刊初編本。
〔註6〕徐增《而庵詩話》，見王夫之等撰《清詩話》，上海：上海古籍出版社 1999 年，432 頁。
〔註7〕馮班《嚴氏糾謬》，見馮班著、馮武輯《鈍吟雜錄》，臺北商務印書館影印文淵閣《四庫全書》，第 886 冊，第 552 頁。
〔註8〕郭紹虞《中國文學批評史》，天津：百花文藝出版社 1999 年，第 63 頁。

〔註9〕對於嚴羽「以禪喻詩」，認爲「不過是用禪宗的某些語言作爲譬喻來說明詩歌理論」。〔註10〕在《答出繼叔臨安吳景仙書》中，嚴羽自稱是「是自家實證實悟者，是自家閉門鑿破此片田地，即非傍人籬壁，拾人涕唾得來的。」〔註11〕但他到底是以禪學理路爲論詩之軌轍，或僅僅是「剽竊禪語」作矯情之語，有待更深入的考察。

在認可嚴羽「以禪喻詩」的學者那裡，「以禪喻詩」具備較爲豐富的層次。比較集中的觀點有如下幾種：郭紹虞將嚴羽的「以禪喻詩」分解爲「以禪喻詩」和「以禪論詩」；〔註12〕袁行霈在《詩與禪》中將之分解爲「以禪參詩」、「以禪論詩」、「以禪衡詩」；〔註13〕孫昌武在《佛教與中國文學》中將之分解爲「以禪趣說詩趣」、「以禪品明詩品」、「以禪理論詩理」，「以禪法比詩法」；〔註14〕程亞林在《詩與禪》中將之分解爲「以禪心喻詩心」、「以參禪喻賞詩學詩作詩」、「以禪悟喻詩悟」、「以禪境喻詩境」；〔註15〕周裕鍇《中國禪宗與詩歌》將之分解爲「以禪品詩」、「以禪擬詩」、「以禪參詩」、「以禪論詩」。〔註16〕筆者以爲，嚴羽《滄浪詩話》入禪最貼切之處，從對詩歌本體「第一義」形而上的設置、對個人詩學理論「別」的定位、以及在提出「非關書」、「非關理」同時也不放棄讀書積累，主張「然非多讀書、多窮理，則不能極其至」等觀點的提出，皆秉持著中唐以來南禪一系禪師最強調的「非言語」思維與態度，並與宋代禪宗倡「不立文字」但又「不離文字」的宗門主張相符。在對當時詩作中「以文字爲詩，以才學爲詩，以議論爲詩」提出批評的維度設置上，與唐以下公案之中禪師所批判參證歧途的維度保持著一致。

嚴羽在《滄浪詩話‧詩辨》開篇伊始，在預設了禪學經典知識與禪宗門戶之見的前提下，直接以禪論詩。其曰：

〔註 9〕 王運熙、顧易生《中國文學批評史新編》上，上海：復旦大學出版社 2001 年，第 361 頁。

〔註10〕 王運熙、顧易生《中國文學批評史新編》上，上海：復旦大學出版社 2001 年，第 361 頁。

〔註11〕 〔宋〕嚴羽《滄浪詩話校釋》，郭紹虞校釋，北京：人民文學出版社 2005 年，第 251 頁。

〔註12〕 郭紹虞《中國文學批評史》，天津：百花文藝出版社 1999 年，第 65 頁。

〔註13〕 袁行霈《詩與禪》，錄自《佛教與中國文化》文史知識編輯部，北京：中華書局 2005 年，第 85 頁。

〔註14〕 孫昌武《佛教與中國文學》，上海：上海人民出版社 1988 年，第 187 頁。

〔註15〕 程亞林《詩與禪》，南昌：江西人民出版社 1998 年，第 251 頁。

〔註16〕 周裕鍇《中國禪宗與詩歌》，上海：上海人民出版社 1992 年，第 270 頁。

> 禪家者流，乘有小大，宗有南北，道有邪正。學者須從最上乘、
> 具正法眼，悟第一義。若小乘禪，聲聞、辟支果，皆非正也。論詩
> 如論禪，漢魏晉與盛唐之詩，則第一義也；大曆以還之詩，則小乘
> 禪也，已落第二義矣；晚唐之詩，則聲聞、辟支果也。學漢魏晉與
> 盛唐詩者，臨濟下也。學大曆以還之詩者，曹洞下也。〔註17〕

此段論述中，涉及到禪宗形而上本體「第一義」及與之相對的「第二義」、聲聞、辟支等，預設背景是禪宗「第一義」之特徵與禪修所達境界等次等，以之比況詩歌，必定有特徵相符之處。其此以臨濟、曹洞門戶之爭定奪詩之高下，更屬其類。《滄浪詩話》中，嚴羽「論詩如論禪」，比附禪宗形而上「第一義」的設置，為詩歌也設置了形而上的本體，並稱之為「第一義」。故而詩之「第一義」與禪之「第一義」必定有義理相通之處。

一、詩本體「第一義」之「不可說」

佛教將其追溯的形而上本體稱作「第一義」，亦可名其為「心」、「道」、「佛性」、「真如」。《中論疏》卷三曰：「以其最上莫過，故稱第一。深有所以，目之為義。」〔註18〕其存在超言絕相，非言語、文字、邏輯思辨所能達到。故而《楞伽經》卷二曰：「第一義者，聖智自覺所得，非言說妄想覺境界。」〔註19〕這一立場在禪宗得到繼承並放大，成為禪師「不立文字」、「言語道斷」，以非言語行為接機學人的最佳託詞。在禪宗發展的早期階段，保唐無住禪師即說，「第一義無有次第，亦無出入。世諦一切有，第一義即無。」〔註20〕五代時期的清涼文益也說，「我向你道是第二義」。〔註21〕

總而言之，「第一義」不能經由概念名詞架構的熟悉認知系統理性認知，不在言語、文字表述能力之內。在禪師口中，與「第一義」這對本原指稱等同的還有「道」、「心」、「佛性」、「祖師西來意」、「向上宗乘事」、「父母未生時」、「諸佛師」等，皆朝向那不可言說的超驗真相。

〔註17〕　〔宋〕嚴羽《滄浪詩話校釋》，郭紹虞校釋，北京：人民文學出版社 2005 年，第 11 頁。

〔註18〕　〔隋〕吉藏《中觀論疏》卷三，《大正藏》第 42 卷，第 34 頁上。

〔註19〕　〔劉宋〕求那跋陀羅譯《楞伽阿跋多羅寶經》卷二，《大正藏》第 16 卷，第 490 頁中。

〔註20〕　〔宋〕普濟《五燈會元》卷二，蘇淵雷點校，北京：中華書局 1984 年，第 82 頁。

〔註21〕　〔宋〕普濟《五燈會元》卷十，蘇淵雷點校，北京：中華書局 1984 年，第 563 頁。

嚴羽在《滄浪詩話》中極力推崇臨濟宗，在《答出繼叔臨安吳景仙書》中他自比附於「參禪精子」大慧宗杲，自詡爲「參詩精子」。同時，嚴羽將學詩的最高範型比喻爲「學漢魏晉與盛唐詩者，臨濟下也」〔註22〕，並秉承了大慧宗杲對曹洞宗門下「默照禪」的嚴厲批評態度，將「學大曆以還之詩者」比作「曹洞下也」。在批評晚唐詩時，嚴羽借用大慧宗杲批評修「默照禪」的學人時常用「鬼窟」一詞；在學詩志向上，嚴羽主張「見過於師，僅堪傳授；見與師齊，減師半德也。」〔註23〕這則是臨濟宗法嗣上源百丈懷海的觀點。〔註24〕可見，嚴羽的禪法思想主要來自於臨濟法系，尤其以兩宋之際在士大夫階層有較大影響的大慧宗杲爲最重。嚴羽「以禪喻詩」，其實最主要的是以臨濟大慧禪論詩。因此，他藉以論詩的禪法思想，在秉承禪宗基本命題的前提下，應與大慧宗杲禪法的基本立場和核心觀念有較大關聯，且繼承了大慧禪的偏狹與激越。

大慧宗杲嗣法於北宋臨濟宗揚歧派禪系，其對形而上的本體「第一義」曾有如下描述：

> 我此禪宗，從上相承以來，不曾教人求知求解。只云學道，早是接引之辭。然道亦不可學。情存學道，卻成迷道。道無方所，名大乘心。此心不在內外中間，實無方所。第一不得作知解，只是說汝而今情量處爲道，情量若盡，心無方所。此道天眞本無名字，只爲世人不識迷在情中。所以諸佛出來，說破此事。恐爾不了，權立道名，不可守名而生解也。〔註25〕

大慧宗杲此處所謂的「道」，也就是禪宗公案之中時常討論的「第一義」。宗杲認爲形而上的「第一義」（道）本來「天眞無名字」，不在概念、名詞構建的認知系統之內，這與「道可道，非常道」的中國傳統哲學對語言的界限表述比較接近，表現出佛道融合的特點。但道家的不可言之「道」，是宇宙間的

〔註22〕〔宋〕嚴羽《滄浪詩話校釋》，郭紹虞校釋，北京：人民文學出版社2005年，第12頁。

〔註23〕〔宋〕嚴羽《滄浪詩話校釋》，郭紹虞校釋，北京：人民文學出版社2005年，第1頁。

〔註24〕師曰：「子已後莫承嗣馬祖去麼？」檗曰：「不然。今日因和尚舉，得見馬祖大機之用。然且不識馬祖。若嗣馬祖，已後喪我兒孫。」師曰：「如是！如是！見與師齊，減師半德。見過於師，方堪傳授。子甚有超師之見。」檗便禮拜。〔宋〕普濟《五燈會元》卷三，蘇淵雷點校，北京：中華書局1984年，第132頁。

〔註25〕《大慧普覺禪師語錄》卷二五，《大正藏》第47卷，第918頁上。

實「有」。禪宗則將之解構爲「空」，因此才會「不在內外中間，實無方所。」〔註26〕爲防止學人從言語、文字上求證佛法，南禪一系禪師歷來有較爲偏激的言論。如六祖惠能就說，「諸佛妙理，非關文字」；〔註27〕晚唐前期的德山宣鑒禪師則認爲，「我宗無語句，實無一法與人」，〔註28〕因此阻止雪峰義存對「向上宗乘事」的追溯。禪宗對日用言語、文字對眞諦的表述能力受到懷疑的立場，與西方語言哲學的一些觀點有融通之處。康德在《純粹理性批判》第二版序言中指出，理性有能力認識經驗界限之內的事物，而沒有能力認識經驗界限之外的事物。〔註29〕因此，即便強行將形而上之本體，名之爲「道」，也只是爲了迎合世人的情識，並以之確立經驗性的存在感。而在對「第一義」命名的同時，人們也爲自己設立了界限，「我的語言的界限意謂我的世界的界限。」〔註30〕作爲超驗的形而上本體，「第一義「不能經由言語、文字表述，因此「不可守名而生解也」；更不可思維擬議，因此「道亦不可學」、「不得作知解」，即爲此意。

但大慧宗杲對待言語、文字的態度，並不是絕對摒棄。而是主張在不執著於言語、文字的前提下，合理運用言語、文字。他說：

> 大道只在目前，要且目前難覩。欲識大道眞體，不離聲色言語。
>
> 若即聲色言語求道眞體，正是撥火覓浮漚。若離聲色言語求道眞體，
>
> 大似含元殿裏更覓長安。〔註31〕

宗杲認爲目前之機即是第一義的當下呈現，而言語、文字等皆是悟入手段。如果執著於言語、文字，認爲以經典知識、邏輯推證能參悟第一義，就好比在火堆裏尋找水上浮沫，路徑不對；但若可以放棄言語、文字，不懂得言語、文字也可以是「大機」的當下之「用」，就好比身在長安卻去四處尋找長安。宗杲正是站在這一立場上，對一味「默照」靜坐的曹洞門下提出了嚴厲的批評。

〔註26〕《大慧普覺禪師語錄》卷二五，《大正藏》第47卷，第918頁上。
〔註27〕《六祖大師法寶壇經》卷一《機緣》，《大正藏》第48卷，第355頁上。
〔註28〕〔南唐〕靜、筠二禪師編撰《祖堂集》卷，孫昌武等點校，北京：中華書局2007年，第337頁。
〔註29〕〔德〕康德《純粹理性批判》第二版序言，鄧曉芒譯，北京：人民出版社2004年，第20頁。
〔註30〕〔英〕路得維希·維特根斯坦《邏輯哲學論》，郭英譯，北京：商務印書館1962年，第79頁。
〔註31〕《大慧普覺禪師語錄》卷二，《大正藏》第47卷，第819頁下。

　　《滄浪詩話》中，嚴羽開篇即推舉宗門形而上之「第一義」，並將悟入前提限定爲「學者須從最上乘、具正法眼，悟第一義。」接著「論詩如論禪」，認爲「漢魏晉與盛唐之詩，則第一義也。」此處需要辨明的是，究竟漢魏晉與盛唐的詩文就是「第一義」，或漢魏晉與盛唐詩只是「第一義」之詩？考察嚴羽在《滄浪詩話》中的論述，我們應該認同後者，即漢魏晉與盛唐詩是「第一義」之詩，但漢魏晉與盛唐詩的詩文並不能與「第一義」劃上等號。其之所以是「第一義」之詩，在於漢魏晉與盛唐之詩，皆體現出一種渾融不可言詮的特點：

> 漢魏古詩，氣象混沌，難以句摘。〔註32〕

> 盛唐諸人唯在興趣，羚羊掛角，無跡可求。故其妙處透徹玲瓏，不可湊泊，如空中之音，相中之色，水中之月，鏡中之象，言有盡而意無窮。〔註33〕

所謂「氣象」、「興趣」，皆具有與「第一義」同樣的渾融圓整特點。嚴羽對此一再強調，如他認爲建安詩人的作品「全在氣象，不可尋枝摘葉」。詩歌所呈現出來的「氣象」與「興趣」，從某種程度而言，就是對「第一義」在詩歌整體風貌與詩歌創造規律方面的表述。從言辭、文句上模仿或者搬用漢魏晉與盛唐詩作，皆不可達到其渾融第一境。對此，與嚴羽差不多同時代的戴復古，也持有相似觀點。《石屛集》中有《贈二嚴詩》，其中《論詩十絕》有云：「欲參詩律似在禪，妙趣不由文字傳；個裏稍關心有悟，發爲言句自超然。」〔註34〕對於「第一義」與文字、言語無涉，嚴羽還用「羚羊掛角」的典故予以強化。「羚羊掛角」本就在禪宗裏作爲「第一義」超言絕相、無跡可求之譬喻，「羚羊」話頭最早來自臨濟宗祖師義玄的老師——黃檗希運所作《宛陵錄》，其曰：

> 一日，五人新到，同時相看。一人不禮拜，以手畫一圓相而立。師云：「還知道好只獵犬麼？」云：「尋羚羊氣來。」師云：「羚羊無氣，汝向什麼處尋？」云：「尋羚羊蹤來。」師云：「羚羊無蹤，汝

〔註32〕〔宋〕嚴羽《滄浪詩話校釋》，郭紹虞校釋，北京：人民文學出版社2005年，第151頁。

〔註33〕〔宋〕嚴羽《滄浪詩話校釋》，郭紹虞校釋，北京：人民文學出版社2005年，第26頁。

〔註34〕〔宋〕戴復古《論詩十絕》，見吳文治主編《宋詩話全編》，南京：鳳凰出版社1998年，第7600頁。

向什麼處尋？」云：「尋羚羊跡來。」師云：「羚羊無跡，汝向什麼
處尋？」云：「與麼則死羚羊也。」師便休。〔註35〕

學人參訪希運，一言不發，只是以非言語的「畫圓相」行爲示機，表自性圓
融不在言說的境界，請希運勘驗。接下來，學人與黃檗希運之間的對話，就
在遮詮的層面展開。希運將來參訪的學人比作「獵犬」，而學人將希運比作「羚
羊」。所謂「羚羊」的「氣」、「蹤」、「跡」，指的是希運平常宣講的言論觀點，
或以身示法手段。正是這些言論觀點、示法手段，令希運名聲遠播，而學人
正是循名而來。但學人示「圓相」求勘驗圓融自性，因而希運以「無」否定
了「氣」、「蹤」、「跡」，亦即否定了所有的言論與示法手段。雖然言論、手段
皆是自性的當下顯現，但並不等同於自性本身。學人要參究自性，就不能停
留在言論的邏輯思辨層面，而必須「言語道斷」、「不立文字」，向上追溯本原
第一義，否則「擬心即差」。但這基本上斷絕了教化的途徑，因此學人會感歎
「與麼則死羚羊也」。傳說羚羊晚間會將角掛在樹枝上，令身體懸空，從而斷
絕了獵犬追蹤的路徑。禪宗以此，象徵形而上第一義（自性），不可從言語、
文辭上追究。雪峰義存曾訓誡學人，「我若東道西道，汝則尋言逐句，我若羚
羊掛角，汝向什麼處捫摸？」〔註36〕大慧宗杲的老師圓悟克勤在《碧巖錄》
九十四釋《楞嚴經》「吾不見時，何不見吾不見之處」時說，「吾不見時，如
羚羊掛角，聲響蹤跡，氣息都絕。爾向什麼處摸索？」〔註37〕嚴羽以此爲喻，
正是借其指詩之「第一義」也不從言語、文字、思維上追溯的意旨。嚴羽《滄
浪詩話》中指出，雖然漢魏晉、盛唐詩皆是「第一義」之詩，但詩之「第一
義」，亦即是「氣象」、「興趣」，卻不能從機械模擬漢魏晉與盛唐詩歌的言辭、
用典上入手，更不是在詩中頻發「議論」所能達到。「所謂不涉理路、不落言
荃者，上也。」嚴羽說，「詩之極致有一：曰入神。詩而入神至矣！盡矣！」
這「入神」的極致之詩，正是「第一義」之詩。

二、詩本體「第一義」之推舉

嚴羽在《滄浪詩話》開篇即以禪修境界之高低，劃分詩之等次。其曰：

漢魏晉與盛唐之詩，則第一義也；大曆以還之詩，則小乘禪也，

〔註35〕〔宋〕賾藏《古尊宿語錄》卷三《黃檗斷際禪師宛陵錄》，蕭萐父等點校，北
京：中華書局 1994 年，第 87 頁。
〔註36〕〔宋〕道原《景德傳燈錄》卷十六，《大正藏》第 51 卷，第 328 頁上。
〔註37〕〔宋〕重顯頌古 克勤評唱《碧巖錄》卷十，《大正藏》第 48 卷，第 217 頁中。

　　　　已落第二義矣：晚唐之詩，則聲聞、辟支果也。〔註38〕

嚴羽在此列舉的是禪宗禪修的境界，按照其由高到低的順序可羅列爲第一義
（最上乘）、第二義（小乘）、聲聞、辟支果。由於禪修境界有其相對固定的
意旨，嚴羽以之論詩，也不僅僅是層次高低的區別。大乘佛教歷來有依照修
行所達境界高低而分的一到五乘之說，其中「三乘」說最被廣泛接受：

　　　　一聲聞乘，又云小乘。速則三生，遲則六十劫間修空法，終於
　　　現世聞如來之聲教。而悟四諦之理，以證阿羅漢者。二緣覺乘，又
　　　雲中乘，辟支佛乘。速則四生，遲則百劫間修空法，於其最後之生
　　　不依如來之聲教，感飛花落葉之外緣，而自覺十二因緣之理，以證
　　　辟支佛果者。三大乘，又云菩薩乘，三無數劫間修六度之行，更於
　　　百劫間植三十二相福因，以證無上菩提者。〔註39〕

所謂聲聞乘，梵語 Srāvaka，乃佛徒親聞佛之聲教，秉承佛祖言論，參悟四
諦之理。「若有眾生，內有智性，從佛世尊聞法信受，殷懃精進，欲速出三
界，自求涅槃，是名聲聞乘。」〔註40〕由言語上參悟只是最低層次的參悟境
界，《勝鬘寶窟》卷一末曰：「聲聞者，下根從教立名，聲者教也」，〔註41〕
是爲佛道中之最下根。所謂緣覺乘，梵語 Pratyekabuddha，音譯爲辟支佛乘，
亦可譯爲獨覺。《瑜伽倫記》卷八上曰：「此云獨覺。初發心時，亦值佛世，
間法思惟。後得道身出無佛世，性樂寂靜，不欲雜居，修加行滿，無師友教，
自然獨悟，永出世間，中行中果，故名獨覺。或觀待緣，而悟聖果，亦名緣
覺。」〔註42〕可見這一修行境界乃是佛祖不在世間之時，學人能「獨出智慧，
不從他聞」，即獨立思考、邏輯推論而得。但在大乘禪法看來，這二者皆是
小乘禪法，能達到的皆不是第一義渾融圓整的境界。「若有眾生，從佛世尊，
聞法信受，勤修精進，求一切智、佛智、自然智、無師智、如來知見、力、
無所畏，愍念安樂，無量眾生，利益天人，度脫一切，是名大乘。」〔註43〕
大乘禪法能於一切物相上參證佛法，乃是因爲萬物皆是「空」性所顯。正如
宗密在《禪源諸詮集都序》卷上之一所說，「禪則有淺有深」，「悟我法二空

〔註38〕　〔宋〕嚴羽《滄浪詩話校釋》，郭紹虞校釋，北京：人民文學出版社 2005 年，
　　　　　第 11 頁。
〔註39〕　丁福保《佛學大辭典》「三乘」條，北京：文物出版社 1984 年，第 161 頁。
〔註40〕　〔後秦〕鳩摩羅什譯《妙法蓮華經》卷二，《大正藏》第 9 卷，第 13 頁中。
〔註41〕　〔隋〕吉藏譯《勝鬘寶窟》卷一，《大正藏》第 37 卷，第 26 頁中。
〔註42〕　〔唐〕遁倫集撰《瑜伽論記》卷八，《大正藏》第 42 卷，第 482 頁下。
〔註43〕　〔後秦〕鳩摩羅什譯《妙法蓮華經》卷二，《大正藏》第 9 卷，第 13 頁中。

所顯眞理而修者，是大乘禪」，〔註44〕參悟的是第一義。而聲聞、緣覺，皆是從他方獲取經驗，以概念名稱預設了「空」的形而上存在，以邏輯思辨的方式予以追溯，故而「悟我空偏眞之理而修者，是小乘禪」。而「若頓悟自心本來清淨，元無煩惱，無漏智性，本自具足，此心即佛，畢竟無異，依此而修者，是最上乘禪。」

　　嚴羽以禪修境界論歷代詩之等次，最受人詬病之處是以「小乘禪」論大曆詩風，又單另以「聲聞、辟支」論晚唐詩。郭紹虞曾在《中國文學批評史》指出，「他雖以禪喻詩，然而對於禪學並沒有弄清楚。他以漢、魏、盛唐爲第一義，大曆爲小乘禪，晚唐爲聲聞辟支果，殊不知乘只有大小之別，聲聞辟支也即在小乘之中。」〔註45〕如果囿於佛教知識之一隅，這的確令人費解。但禪宗比照「第一義」，依禪修境界等次而下，設定「第二義」。如：

　　　　問：「如何是第一義？」師曰：「我向你道是第二義。」〔註46〕
清涼文益禪師門下學人問宗門向上「第一義」，文益認爲以言相告，已是向學人傳達自己的意旨，不是學人自性所悟得，落在「第二義」。但「第二義」是範疇極其廣大的概念，依照「第二義」再依次而下，乃至「第三義」、「第四義」到無窮義。嚴羽羅舉的聲聞、辟支皆可屬於「第二義」，但也可以依次歸爲「第三亦」、「第四義」。同理，小乘禪是相對於大乘禪而言的，但凡違背最上乘禪的「空」性本質，以俗諦的方式參究「第一義」，皆是小乘。從言語、文字上參究，固然是小乘，但禪宗自六祖惠能以來就宣揚「無心」、「無思」，因此「擬心即差」。即便不使用言語、文字，但思維動念即是觸機鋒。因此，在傳統佛教禪修等次「第一義」與聲聞、辟支之間，禪宗多了一個「擬心」的層次。嚴羽這一禪修等次的劃分，若站在臨濟門人的角度來看，是有其宗教來源的。臨濟大慧宗杲極力批評曹洞宗以宏智正覺爲首的默照禪，認爲其倡導靜坐乃落小乘禪、第二義。「默照禪」其實是一種迴避了言語、文字邏輯參證的非言語手段，與聲聞、辟支有所區別。但默照禪以禪坐爲極則，不求妙悟。因而不能運心自由，有刻意之嫌，故而仍在「第二義」上。或許嚴羽正是以此爲據，在「第一義」與「聲聞、辟支果」之間劃分出一個層次。其

〔註44〕〔唐〕宗密在《禪源諸詮集都序》卷一，《大正藏》第48卷，第399頁中。
〔註45〕郭紹虞《中國文學批評史》，天津：百花文藝出版社1999年，第63頁。
〔註46〕〔宋〕普濟《五燈會元》卷十，蘇淵雷點校，北京：中華書局1984年，第563頁。

所謂「大曆以還之詩，則小乘禪也，已落第二義矣；晚唐之詩，則聲聞、辟支果也。」應該理解爲大曆詩已落入小乘禪境界，而晚唐詩也是小乘中的「聲聞、辟支」的境界。

嚴羽以禪法修證的高低境界論詩，與他在詩論中論述的詩歌發展面貌暗自相符。之所以論漢魏晉與盛唐詩爲「第一義」之詩，在於漢魏晉與盛唐詩所表現出來的渾融圓整、不可句摘的「氣象」。如「建安之作，全在氣象」；〔註47〕「唐人尙意興而理在其中，漢魏之詩詞理意興無跡可求，漢魏古詩氣象混沌難以句摘」；〔註48〕「盛唐諸人唯在興趣，羚羊掛角，無跡可求。」〔註49〕之所以以「第二義」詩論大曆詩風，在於大曆詩已經失去盛唐時期的宏大氣象，雖然盛唐餘音猶在，但已經有爲「氣象」而刻意營造的嫌疑。「蓋盛唐人詩無不可觀者。至於大曆已後，其去取深不滿人意。」〔註50〕其實嚴羽並非對大曆及其後的所有詩人不滿，他說，「大曆以後吾所深取者，李長吉、柳子厚、劉言史、權德輿、李瀬、李益耳。大曆後劉夢得之絕句，張藉、王建之樂府，吾所深取耳。」〔註51〕他所批評的「大曆體」，主要是指大曆至貞元年間活躍於詩壇上、以「十才子」爲代表的一批詩人的共同創作風貌。這些詩人雖仍盛唐餘韻，但經歷安史之亂後的慘痛心理，使他們失去了盛唐的宏大面貌。「儘管有少量作品存留盛唐餘韻，也寫民生疾苦，但大量作品表現出一種孤獨寂寞的冷落心境，追求清雅高逸的情調。這使詩歌創作由雄渾的風骨氣概轉向淡遠的情致，轉向細緻省淨的意象創造，以表現寧靜淡泊的生活情趣，雖有風味而氣骨頓衰，遂露出中唐面目。」〔註52〕之所以以「聲聞、辟支」論晚唐詩，在於晚唐時期以賈島、姚合「苦吟」爲代表，詩壇上出現的雕琢字句的普遍風尙。這批詩人潛心字詞的運用，「常常刻苦造就一些工整的句子，但由於才力不足，通篇看去，仍顯餒弱。」而且其做詩，常常是「先有句，後

〔註47〕〔宋〕嚴羽《滄浪詩話校釋》，郭紹虞校釋，北京：人民文學出版社 2005 年，第 158 頁。

〔註48〕〔宋〕嚴羽《滄浪詩話校釋》，郭紹虞校釋，北京：人民文學出版社 2005 年，第 151 頁。

〔註49〕〔宋〕嚴羽《滄浪詩話校釋》，郭紹虞校釋，北京：人民文學出版社 2005 年，第 26 頁。

〔註50〕〔宋〕嚴羽《滄浪詩話校釋》，郭紹虞校釋，北京：人民文學出版社 2005 年，第 243 頁。

〔註51〕〔宋〕嚴羽《滄浪詩話校釋》，郭紹虞校釋，北京：人民文學出版社 2005 年，第 163～165 頁。

〔註52〕袁行霈《中國文學史》第二冊，北京：高等教育出版社 1999 年，第 297 頁。

有篇，難免前後不夠勻稱，缺少完整的意境。」〔註 53〕這種詩風在五代文人與南宋永嘉四靈、江湖詩人那裡都引發眾多追捧，成爲一時風尚。但在嚴羽看來，「晚唐之下者亦隨野孤外道鬼窟中」，並非參究「第一義」的正途。

三、「別」——通向詩本體途徑之定位

對於詩之「第一義」，嚴羽還以「別」予以自定位，再次強調其與言辭、典故、議論無甚干涉的特質。其曰：

夫詩有別材，非關書也；詩有別趣，非關理也。〔註 54〕

由於嚴羽自述「以禪論詩」，此處的「別材」、「別趣」，特別容易與禪宗「教外別傳」的立場聯繫起來。禪宗也稱「佛心宗」，馬祖道一曾言《楞伽經》中「佛語心爲宗，無門爲法門。」〔註 55〕要達到形而上的「第一義」（心性），只能不依託文字、不安附言句，直傳佛祖之心印。相傳達摩大師所作《悟性論》即曰：「直指人心，見性成佛。教外別傳，不立文字。」禪林中更是依附這段文字，編纂出佛祖拈花、迦葉微笑的典故。〔註 56〕之所以稱之爲「別傳」，在於禪宗的禪法教化方式有別於傳統的「教」法。傳統佛教以「教」爲法門，僧肇曰：「言爲世則謂之法，眾聖所由謂之門。」〔註 57〕可見「教」法是教人從祖師言論、佛教文字經典上尋取佛性眞知。禪宗宣稱「教外別傳」，最重要的立場就是直接否定從言論、文字中參悟形而上佛性的可能。禪宗倡導的是一種直覺體悟的方式，「以參究的方法徹見心性的本原爲主旨」。〔註 58〕認爲「第一義」（佛性）超越經驗世界，非言語、文字、邏輯思辨所能悟取。從某種意義上而言，言語、文字可以作爲「第一義」的顯現方式，但卻不是「第一義」自身。

〔註 53〕袁行霈《中國文學史》第二冊，北京：高等教育出版社 1999 年，第 412 頁。
〔註 54〕〔宋〕嚴羽《滄浪詩話校釋》，郭紹虞校釋，北京：人民文學出版社 2005 年，第 26 頁。
〔註 55〕〔宋〕普濟《五燈會元》卷三，蘇淵雷點校，北京：中華書局 1984 年，第 128 頁。
〔註 56〕「世尊在靈山會上，拈華示眾。是時眾皆默然，唯迦葉尊者破顏微笑。世尊曰：」吾有正法眼藏，涅槃妙心。實相無相，微妙法門。不立文字，教外別傳。付囑摩訶迦葉。」〔宋〕普濟《五燈會元》卷一，蘇淵雷點校，北京：中華書局 1984 年，第 10 頁。
〔註 57〕〔後秦〕僧肇選《注維摩詰經》卷八，《大正藏》第 38 卷，第 396 頁下。
〔註 58〕方立天《中國佛教哲學要義》，北京：中國人民大學出版社 2002 年，第 367 頁。

　　嚴羽在此提出的「別材」、「別趣」，與《滄浪詩話》中出現的「氣象」、「興趣」、「意興」、「入神」，皆指向詩之本體第一義。禪宗自稱有「別」，爲其超越傳統佛教經典，言教方式，創新禪修方法、開拓主體心性找到了合理藉口。同樣，嚴羽《滄浪詩話》自詡「別材」、「別趣」，也爲其詩論批評找到了獨樹一幟的空間。嚴羽所謂「別」，首先是嚴羽的詩論主張與其時代詩風有「別」，其曰：

> 近代諸公乃作奇特解會，遂以文字爲詩，以才學爲詩，以議論爲詩，夫豈不工？終非古人之詩也。蓋於一唱三歎之音有所歉焉。且其作多務使事，不問興致；用字必有來歷，押韻必有出處，讀之反覆終篇，不知著到何在。其末流甚者，叫噪怒張，殊乖忠厚之風，殆以罵詈爲詩，詩而至此，可謂一厄也。〔註59〕

嚴羽說「詩有別材，非關書也；詩有別趣，非關理也。」主要是針對當時詩壇中的流行弊病，有感而發。錢鍾書說，「曰『非書』針砭『江西詩病』也，曰『非理』，針砭《濂洛風雅》也，皆時弊也。」〔註60〕其暗含的一層意旨即是：「書」中有「材」，「理」能出「趣」。

　　「書」中有「材」，按照童慶炳的說法，「別材」的「材」就是材料、對象、題材。」〔註61〕依照嚴羽所論之時弊，這些寫詩的材料應當是指宋代詩人尤其是江西詩派詩人，爲增加詩歌的表達能力，在詩作中大量使用的典故或者化用的前人詩句。黃庭堅極爲推崇杜甫，他說：「自作語最難，老杜作詩，退之作文，無一字無來處。蓋後人讀書少，故謂韓、杜自作此語耳。古之能爲文章者，眞能陶冶萬物，雖取古人之陳言入於翰墨，如靈丹一粒，點鐵成金也。」〔註62〕在詩作中主張「無一字無來出」，強調了對典故的運用；所謂「點鐵成金」，即化用前人現成的詩句，創造出新的詩境。這二者都需要對經典知識的積累，因此必須「關書」。如果能「文章成就，更無斧鑿痕，乃爲佳作耳」〔註63〕，則能起到創新詩境、拓展詩歌表現能力的作用。但江西詩派

〔註59〕〔宋〕嚴羽《滄浪詩話校釋》，郭紹虞校釋，北京：人民文學出版社2005年，第26頁。

〔註60〕錢鍾書《談藝錄》（補訂本），北京：中華書局1984年，第545頁。

〔註61〕童慶炳《嚴羽詩論諸說》，《北京師範大學學報》1997年第2期，第85頁。

〔註62〕〔宋〕黃庭堅《與洪蒭駒父書》，郭紹虞主編《中國歷代文論選》（第2冊），上海：上海古籍出版社2001年，第316頁。

〔註63〕〔宋〕黃庭堅《與王觀復書》之二，郭紹虞主編《中國歷代文論選》（第2冊），上海：上海古籍出版社2001年，第324頁。

末流，以才學爭勝，片面追求「無一字無來出」。嚴羽所謂「用字必有來歷，押韻必有出處」，正是對其眞實情狀的描寫。這類詩作典故滿篇，陳言故句，毫無創新可言。「讀之反覆終篇，不知著到何在。」嚴羽將這類詩作歸入時弊之一：「以才學爲詩」。而嚴羽提倡「詩有別材」，正是認爲詩作之中經典知識的羅列並不能達到詩「第一義」境界。

「理」能出「趣」，宋人有較強的入世精神，其時代文化品格呈現出勇於承擔的社會責任的一面，表現在詩作之中，則呈現出好發議論的特點。同時，唐詩已經在「興象「方面達到了極致，宋人以「理」入詩，發展出「生新」、「瘦硬」「清?」的詩歌風貌。蘇軾、黃庭堅、楊萬里等人，皆是其代表。錢鍾書認爲，「竊疑滄浪所謂『非理』之理，正指宋道學之性理，……於『理』語焉不詳明者，攝於顯學之威也，苟冒大不韙而指斥之，將得罪名教，『招拳惹踢』。方虛谷尊崇江西派詩，亦必借道學自重；嚴滄浪厭薄道學家詩，卻只道江西不是。二事彼此烘託。余故妄揣之，非敢如滄浪之『斷千百年公案也』。」〔註64〕其實這「理」，也應包含禪宗的思想。宋代理學家援禪入儒，改換爲理學。而宋代的文人更樂於引禪入詩，借禪說理。蘇軾曾作詩論以理入詩，「出新意於法度之中，寄妙理於豪放之外」，〔註65〕其目的正是趨向那超越二元體驗的「第一義」。以「理」入詩，若能達到蘇軾描述的境界，能在詩作文辭之外，引人深思，平淡之中自有奇崛處。但缺乏超越的自性，徒發空談，「其末流甚者，叫噪怒張，殊乖忠厚之風，殆以罵詈爲詩。」〔註66〕嚴羽將這類詩作歸入時弊之一：「以議論爲詩」。而嚴羽提倡「詩有別趣」，正是認爲盲目的邏輯推證，往往會導致本心的迷失，從而無法達到詩「第一義」境界。

嚴羽批評的方向，還有「以文字爲詩」這個維度。黃庭堅倡導學杜詩，借鑒杜詩的藝術經驗，對杜甫在鍊字、造句、謀篇等方面的藝術特點有許多細緻的分析。其中特別推崇杜詩貌似平易，其實精心錘鍊過語言。他說，「但熟觀杜子美到夔州後古律詩，便得句法簡易，而大巧出焉。平淡而山高水深，似欲不可企及。」黃庭堅自己作詩，也是法度井然，字斟句酌。江西詩派另一位代表人物陳師道，也很注重錘鍊語言風格。他以爲作詩應該「寧拙毋巧，

〔註64〕錢鍾書《談藝錄》（補訂本），北京：中華書局 1984 年，第 545 頁。
〔註65〕蘇軾《書吳道子畫後》，見蘇軾著、孔凡禮校點《蘇軾文集》，北京：中華書局 1986 年，第 2210 頁。
〔註66〕〔宋〕嚴羽《滄浪詩話校釋》，郭紹虞校釋，北京：人民文學出版社 2005 年，第 26 頁。

寧樸毋華」。他在創作中也貫徹了這種美學追求，從而創造也以「樸拙」爲主要
特徵的藝術風格。清人葉燮認爲：「宋詩在工拙之外，其工處固有意求工，拙處
亦有意爲拙。」〔註67〕「陳師道以冥心孤往的苦吟形成了樸拙詩風，正是『有
意爲拙』的典型例子。」〔註68〕但過分追求言辭風格的同時，會妨礙詩境的整
體營造。及其下者，以爲模擬唐詩的言辭，就能如唐詩一般，達到詩之「第一
義」之境。這在與嚴羽同時的永嘉四靈、江湖詩人身上體現得比較明顯：

> 近世趙紫芝、翁靈舒輩獨喜賈島姚合之詩，稍稍復就清苦之風，
> 江湖詩人多效其體，一時自謂之唐宗，不知止入聲聞辟支之果，豈
> 盛唐諸公大乘正法眼者哉。〔註69〕

南宋以後，厭倦了江西詩風的文人。又如宋初一樣轉向了晚唐，其中以「永
嘉四靈」爲代表。「永嘉四靈」是指永嘉地區的四位詩人：徐照、徐璣、趙師
秀和翁卷。這四人皆出自葉適之門，各人字中都帶有一個「靈」字，因此葉
適以「四靈」名之，曾編選《四靈詩選》，爲之揄揚。「永嘉四靈」以賈島、
姚合爲宗，語言精緻、意境雅潔。雖有妙句，但整體意境局促狹小，並不完
整。宋末方回批評「四靈」說：「所用料不過『花、竹、鶴、僧、琴、藥、茶、
酒』，於此數物一步不可離，而氣象小矣。」〔註70〕但四人在當時取得了比實
際成就大得多的名聲，劉克莊《題蔡烓主簿詩卷》中即說，「舊止四人爲律體，
今通天下話頭行」，〔註71〕隨後的江湖詩人，做仿四靈，講究字句精麗，擅長
白描。在嚴羽看來，永嘉四靈與江湖詩人學晚唐，本非正途：「夫學詩者以識
爲主，入門須正，立志須高，以漢魏晉盛唐爲師，不作開元天寶以下人物。
若自退屈，即有下劣詩魔入其肺腑之間，由立志之不高也。」〔註72〕而且，
詩本體「第一義」層面的「興趣」、「氣象」、「意興」，皆是「氣象混沌，難以
句摘。」只模擬唐詩的言辭、句法，並不能達到「第一義」的境界，這與禪
宗「不立文字」參究「第一義」的意旨保持著一致。

〔註67〕〔清〕葉燮《原詩》，見葉燮等著、霍松林等校注《原詩 一瓢詩話 說詩晬語》，
　　　　北京：人民文學出版社 1979 年，第 62 頁。

〔註68〕袁行霈《中國文學史》第三冊，北京：高等教育出版社 1999 年，第 93 頁。

〔註69〕〔宋〕嚴羽《滄浪詩話校釋》，郭紹虞校釋，北京：人民文學出版社 2005 年，
　　　　第 27 頁。

〔註70〕〔宋〕方回《瀛奎律髓彙評》，上海：上海古籍出版社 1986 年，第 340 頁。

〔註71〕〔宋〕劉克莊《題蔡烓主簿詩卷》，見《後村大全集》卷十六，四部叢刊初編本。

〔註72〕〔宋〕嚴羽《滄浪詩話校釋》，郭紹虞校釋，北京：人民文學出版社 2005 年，
　　　　第 1 頁。

　　嚴羽之所以提出詩有「別材」、「別趣」，在於他以「盛唐爲法」，而極力推崇的盛唐詩歌則以「氣象」取勝：「盛唐與本朝人詩，未論工拙，直是氣象不同。」〔註73〕錢鍾書對此論述到，「唐詩、宋詩，亦非僅朝代之別，及體格性分之殊。天下有兩種人，斯分兩種詩。唐詩都以豐神情韻擅長，宋詩多以筋骨思理見勝。嚴儀卿首倡斷代言詩，《滄浪詩話》即謂『本朝人尚理，唐人尚意興』云云。」〔註74〕盛唐之詩即是「第一義」之詩，其「意興」的境界，並不是在詩作作言辭、用典故、議論思辨就能達到的，因此「非關書」且「非關理」。

　　對於詩之「別材」、「別趣」，前人也有論述。如張宗泰以爲：「余則以嚴氏所謂別才別趣者，正謂眞性情所寄也。試觀古今來文人學士，往往有鴻才碩學，博通墳典，而於吟詠之事，概乎無一字之見於後，所性不存故也。」〔註75〕而童慶炳認爲，「別材」說的意思是，詩在取材上別有要求，既非一般的「言」、「情」，更非「文字」、「才學」和「議論」。在嚴羽看來，宋詩之所以不如唐詩，尤其是不如盛唐詩歌，根本的原因在於宋詩在取材上出了問題。」〔註76〕但就此處討論的結果看來，「別材」、「別趣」皆指向渾融不可言說、思議的「第一義」，可理解爲超越「材」與「趣」的形而上之境界，其意旨不益坐實。

　　除此之外，嚴羽提出的「別」的定位，還潛在著其詩論與儒家觀念有別的意旨。歷代儒家重政治、重教化的詩論，主張發揮詩的現實功能。嚴羽時代，程朱理學被尊爲正統後，積極入世、當下功用的思想成爲時代的主流，「禪」是非主流。因此吳景仙勸告嚴羽「說禪非文人儒者言」。但嚴羽的回應到，「本意但欲說得詩透徹，初無意於爲文，其合文人儒者之言與否，不問也。」〔註77〕這爲他站在純藝術論的立場論詩，堅定了信念。

四、通向詩「第一義」之歧途——「以文字爲詩」、「以才學爲詩」、「以議論爲詩」

　　嚴羽概括宋詩時弊，提出「以文字爲詩」、「以才學爲詩」、「以議論爲詩」

〔註73〕〔宋〕嚴羽《滄浪詩話校釋》，郭紹虞校釋，北京：人民文學出版社2005年，第144頁。
〔註74〕錢鍾書《談藝錄》（補訂本），北京：中華書局1984年，第2頁。
〔註75〕張宗泰《魯岩所學集》卷十三，模憲堂民國二十五年重刊本。
〔註76〕童慶炳《嚴羽詩論諸說》，《北京師範大學學報》1997年第2期，第85頁。
〔註77〕〔宋〕嚴羽《滄浪詩話校釋》，郭紹虞校釋，北京：人民文學出版社2005年，第251頁。

三個批判維度。就作詩欲達「第一義」之詩境界而言，這三種作詩的方法皆是歧途。其與禪宗在「第一義」參證過程中極力反對的三種悟入之途即祖師言說、文字經典、思維擬議，有著內在的一致性。

嚴羽自稱「以禪喻詩」，《詩辨》中即說，「論詩如論禪、以禪喻詩，莫此親切。」事實上，「以禪喻詩」並非自嚴羽爲始，在其之前與同時代的文人那裡，皆有言說。宋代較早「以禪喻詩」的是李之儀，如《贈禪瑛上人》：「得句如得仙，悟筆如悟禪。」〔註78〕曾幾在其《讀呂居仁舊詩有懷》云：「學詩如參禪，愼勿在死句。縱橫無不可，乃在歡喜處。」〔註79〕趙蕃和吳可《學詩詩》中更是幾番提及強調，其云：「學詩渾似學參禪，識取初年與暮年」、「學詩渾似學參禪，束縛寧能句與聯」。〔註80〕相對於宗教思想傳播中言語運用，詩之言語正是它的文字表述、句法關聯。而無論是禪宗或「以禪喻詩」的嚴羽，皆反對從言語、文字上參悟形而上的本體「第一義」。對此，嚴羽在其詩論中批評了永嘉四靈、江湖詩人等傚仿唐人用詞、意境，認爲他們是「聲聞、辟支」，皆不是「第一義」之詩。與嚴羽同時代的戴復古、楊夢信、葉茵等人，也持相似觀點，皆認爲詩之形而上第一義的「妙趣「不能經由文字表述達到。如戴復古認爲「欲參詩律似在禪，妙趣不由文字傳」〔註81〕；徐瑞認爲「文章有皮有骨髓，欲參此語如參禪；我從諸老得印可，妙處可悟不可傳。」〔註82〕葉茵認爲「翁琢五七字，兒親三百篇。要知皆學力，未可以言傳。」〔註83〕在嚴羽看來，「第一義」之詩應該是「不涉理路、不落筌者」。

〔註78〕 李之儀《贈禪瑛上人》，見《全宋詩》第 17 冊卷 962，北京：北京大學出版社 1998 年，第 11221 頁。

〔註79〕 曾幾《讀呂居仁舊詩有懷》，見《兩宋名賢小集》卷一百九十，臺灣商務印書館影印《文淵閣四庫全書》第 1363 冊，第 545 頁。

〔註80〕 趙蕃《學詩詩》，見《詩人玉屑》，上海：上海古籍出版社 1978 年，第 8 頁。

〔註81〕 戴復古《論詩十絕》，見吳文治主編《宋詩話全編》，南京：鳳凰出版社 1998 年，第 7600 頁。

〔註82〕 徐瑞，字山玉，鄱陽人，有《松巢漫稿》。其《論詩》云：「大雅久寂寥，落落爲誰語；我欲友古人，參到無言處。」又《雪中夜坐雜詠》十首之一云：「文章有皮有骨髓，欲參此語如參禪；我從諸老得印可，妙處可悟不可傳。」見《鄱陽五家集》卷六，臺灣商務印書館影印《文淵閣四庫全書》第 1476 冊，第 346 頁。

〔註83〕 葉茵，字景文，笠澤人，有《順適堂吟稿》。其《二子讀詩戲成》云：「翁琢五七字，兒親三百篇。要知皆學力，未可以言傳。」 見《江湖小集》卷四十二，臺灣商務印書館影印《文淵閣四庫全書》第 1357 冊，第 340 頁。

　　禪宗機鋒應對之間，常就形而上的「第一義」展開討論。但凡學人問及「道」、「心」、「佛」、「佛性」、「祖師西來意」、「向上宗乘事」、「父母未生時」等問題，皆是追溯形而上之本體。在這過程中，學人常表現出三種錯誤的參證趨向，即從祖師言說上悟、從文字經典上悟、從思維擬議上悟。

　　首先，禪師反對將祖師言說作為悟入之途。如：

　　　　初參石頭，頭問：「那個是汝心？」師曰：「見言語者是。」頭
　　　便喝出。〔註84〕

大顛寶通初參石頭希遷時，希遷刻意勘驗他是否懂得本體「第一義」（汝心）不在認知範疇，屬於超驗存在的事實。但大顛寶通卻試圖從「言語」上追究，亦即在概念、名稱架構的認知世界內，從邏輯上推證超越的形而上本體「第一義」，因此被希遷「大喝」一聲，截斷其常規的思辨之路。南禪一系禪師的特別不願以言施教，提出要「言語道斷」、「壁立千仞」，令學人沒有可傚仿借鑒的他方經驗。對此，保福從展認為，「言多去道轉遠，直道言語道斷」；〔註85〕香嚴智閒則以「上樹」作喻，並認為以言施教是「喪身失命」的事。南禪對待語言的否決態度，早在惠能時代就已經確立。號稱在六祖惠能門下「一宿覺」的永嘉真覺曾概述到：

　　　　達教之人，豈滯言而惑理。理明則言語道斷，何言之能議？旨
　　　會則心行處滅，何觀之能思？心言不能思議者，可謂妙契環中矣。
　　〔註86〕

形而上的真諦始終是「心言不能思議」，一旦參悟自性，達到「無思」的境界，就應該拋棄言語。言語只是「指月」的「指」，是手段而非真諦本身，這一觀點與「得魚忘筌」之說相似，不過禪宗形而上的第一義是「空」，有異於道家的「有」。

　　嚴羽在《滄浪詩話》中反對「以文字為詩」，反對文人以語言形式、句法特徵上的模仿，意圖達到「第一義」之詩境。受其批評最多的，莫過於是傚仿晚唐詩語言風格、意境類型的永嘉四靈，而傚仿四靈的江湖詩人又其愈下，

〔註84〕〔宋〕普濟《五燈會元》卷五，蘇淵雷點校，北京：中華書局1984年，第264頁。

〔註85〕〔宋〕普濟《五燈會元》卷七，蘇淵雷點校，北京：中華書局1984年，第406頁。

〔註86〕〔宋〕普濟《五燈會元》卷二，蘇淵雷點校，北京：中華書局1984年，第94頁。

「豈盛唐諸公大乘正法眼者哉！」所謂「正法眼」者，正是禪宗「不立文字」、「言語道斷」，參悟「第一義」之宗門要法。

其次，禪師反對將文字經典尤其是佛經，作爲悟入之途。如馬祖道一門下大珠慧海曾說：

> 經論是紙墨文字。紙墨文字者，俱是空設。於聲上建立名句等法，無非是空。座主執滯教體，豈不落空？〔註87〕

傳統佛教經典要義，通過文字得以流傳。而佛教傳入中國前期，也基本上以翻譯佛經爲主。但中國禪力主突破傳統佛教，創新教義，因此自稱「教外別傳」。而傳統佛教要義的佛經，在禪師看來只是「聲上建立名句」，只是「教體」。正所謂「諸佛妙理，非關文字」，大珠慧海反對從佛經上悟入「第一義」的觀點，正是南禪一系禪師的普遍立場。比如與其同出馬祖道一門下的百丈懷海，也曾說到：

> 夫讀經看教，語言皆須宛轉歸就自己。但是一切言教，祇明如今鑒覺自性。但不被一切有無諸境轉，是汝導師。〔註88〕

所有的言語、文字，皆是「第一義」之自性的當下呈現。「讀經看教」，要不被言語、文字所傳達的邏輯理路，左右主體心性。而最終「皆須宛轉歸就自己」，方可參悟形而上的本體「第一義」眞諦。否則在義理上追溯形而上本原，「縱使超佛越祖，猶落階梯。直饒說妙談玄，終掛唇齒。」〔註89〕對此，大慧宗杲也有類似言論。其曰：

> 師乃云：「佛法要妙，離言說相，離文字相，離心緣相。不可以有心求，不可以無心得，不可以語言造，不可以寂默通。如塗毒鼓，聞著則腦門百裂；似猛火聚，近之則燎卻面門。實謂壁立萬仞，剗絕聖凡。〔註90〕

宗杲將學人所有的常規認知途徑都阻斷，目的是要學人不向外尋求，被他方經驗左右，領會「第一義」超驗存在的狀態，從而向內參證自性。

嚴羽在《滄浪詩話》中反對「以才學爲詩」，反對文人在詩作中爲逞勝而盲目堆砌典故的做法。宋人好用典以黃庭堅爲代表，其自稱「無一字無來處」。

〔註87〕 〔宋〕普濟《五燈會元》卷三，蘇淵雷點校，北京：中華書局1984年，第156頁。
〔註88〕 〔宋〕普濟《五燈會元》卷三，蘇淵雷點校，北京：中華書局1984年，第135頁。
〔註89〕 〔宋〕普濟《五燈會元》卷十四，蘇淵雷點校，北京：中華書局1984年，第917頁。
〔註90〕 《大慧普覺禪師語錄》卷五，《大正藏》第47卷，第829頁中。

他的詩中化用前人成句，善用典故。佳作則意蘊深厚、點石成金。如《登快閣》頷聯，「落木千山天遠大」，化用杜甫《登高》、《天河》與李白《金陵城西樓月下吟》句子，卻能自出新意。但類如《和答錢穆父詠猩猩筆》，八句詩總共用到十二個典故，字字皆有出處。則有炫耀逞能的意味，而詩境也因典故的不合理運用而支離破碎。江西詩派詩人承其餘緒，及其下者，不能創新。一味堆砌典故，「往往音節聱牙，意象迫切， 且議論太多， 失古詩吟詠性情之本意。」〔註91〕

再次，禪師反對從邏輯理路上參究「第一義」，甚至認爲不言說、不讀經，只要有「擬議」之心，即打算發言議論的心念，就是觸機鋒。所謂「道非言象得，禪非擬議知」，正是此意。如：

僧問：「從上諸聖，以何法示人？」師拈起拄杖。僧曰：「學人不會。」師曰：「兩手分付。」僧擬議，師便打。〔註92〕

當學人被老師阻斷從常規邏輯上推證形而上本體之後，在「不立文字」、「言語道斷」時應達到「無思」狀態，即「心行處滅」。在這種狀態下，向外求證之心不起，以感性的方式存在於當世。大慧宗杲也有類似觀點。他說，「畢竟什麼處是直指處，爾擬心早曲了也。」因此，禪師在機鋒應對時常常作禮就被師棒打、或者喝出，正是因爲「作禮」即欲申問的趨向。而「擬心即差」，將一些不使用言語、文字，但有執著之心的禪修方法也予以否定，如大慧宗杲批評曹洞宗「默照」事。

嚴羽在《滄浪詩話》中反對「以議論爲詩」，認爲詩中頻發議論，主觀心識介入太多，從而無法達到「第一義」詩境渾融圓整的狀態。宋人之詩，意圖在唐詩之外，開拓新境界。於是援理入詩，向精深方向發展。但卻在詩之渾融「意興」、「興趣」等方面表現力不夠。嚴羽對此有認識，「本朝人尚理而病於意興」〔註93〕。及其好發議論之下者，以散文筆法作詩，毫無凝練之美，詩境空洞乏力，「蓋於一唱三歎之音，有所欠焉。」〔註94〕

〔註91〕 〔宋〕劉克莊《後村詩話》，北京：中華書局1983年，第70頁。
〔註92〕 〔宋〕普濟《五燈會元》卷十二，蘇淵雷點校，北京：中華書局1984年，第頁。
〔註93〕 〔宋〕嚴羽《滄浪詩話校釋》，郭紹虞校釋，北京：人民文學出版社2005年，第148頁。
〔註94〕 〔宋〕嚴羽《滄浪詩話校釋》，郭紹虞校釋，北京：人民文學出版社2005年，第26頁。

　　嚴羽之所以能概括出詩之「第一義」悟取的三種歧途，既是對時弊的概括，也應該有對禪宗「第一義」參證誤區的比附。之所以如此說，正是因爲當時「以禪喻詩」，提倡妙悟的，並不只嚴羽一家，尤其是江西詩派也提倡「妙悟」。如《江西詩社宗派圖》的作者呂本中就曾說，「作文必要有悟入處，悟入必自功夫中來，非僥倖可得也。」其仿傚禪宗，提出詩有「活法」，主張「規矩具備而能出於規矩之外，變化不測而亦不背於規矩也。」〔註95〕對黃庭堅、陳師道以來作詩必須嚴守法度和規範的傳統有所革新，從江西詩派內部發起了變動。但江西詩派的好用典、好雕琢字句、好發議論的特點，卻被繼承下來。同樣是「以禪喻詩」，借鑒禪宗「悟」的方法，江西詩派的「妙悟」與嚴羽的「妙悟」必定有契合之處。莫礪鋒在《江西詩派研究》中就認爲，江西詩派與嚴羽的「妙悟」並非形同水火，在一些觀點上，「在詩人怎樣達到「悟」或「妙悟」的境地這個問題上，雙方的看法卻是相當接近的。」〔註96〕但江西詩派文人主張禪悟，卻走上了雕琢詞句、堆砌典故、好發議論的路子，這在嚴羽看來，屬於不正確的「第一義」悟入途徑，非「正法眼藏」。考慮到嚴羽比附禪宗「第一義」設置詩之「第一義」，並概括出相似特徵。「以文字爲詩」、「以才學爲詩」、「以議論爲詩」這三個批判維度的提出，多少有點站在禪宗「言語道斷」、「不立文字」、「擬心即差」的立場，批判同是「以禪喻詩」的江西詩派文人及其同好。

五、「非關書」、「非關理」與「多讀書」、「多窮理」——「第一義」觀照下的矛盾統一

　　嚴羽在提出「詩有別材，非關書也；詩有別趣，非關理也，則不能極其至」〔註97〕觀點之前，曾刻意強調過中國詩具有「入神」的特徵。他說，「詩之極致有一：曰入神。詩而入神至矣！盡矣！」〔註98〕這「入神」境界即是「第一義」詩境，與文辭、句法、理析皆無關涉，具備混沌圓融、難以句摘的特點。因此嚴羽以「空中之音、相中之色、水中之月、鏡中之象」譬喻之，正是比附形而上詩「第一義」的「不可說」特質。

〔註95〕　〔宋〕劉克莊《後村先生大全集》卷九五《夏均父集序》，四部叢刊初編本。
〔註96〕　莫礪鋒《江西詩派研究》，濟南：齊魯書社1986年，第240頁。
〔註97〕　〔宋〕嚴羽《滄浪詩話校釋》，郭紹虞校釋，北京：人民文學出版社2005年，第26頁。
〔註98〕　〔宋〕嚴羽《滄浪詩話校釋》，郭紹虞校釋，北京：人民文學出版社2005年，第8頁。

　　但嚴羽提出「詩有別材，非關書也；詩有別趣，非關理也，則不能極其至」觀點之後，又刻意強調積累知識、邏輯思考的意義所在。他說，「然非多讀書、多窮理，則不能極其至。」嚴羽這貌似矛盾的觀點，其實蘊含著禪宗的語言觀，即「不立文字」的同時也主張「不離文字」。

　　晚唐五代至北宋，禪宗「不立文字」之風席卷禪林，一時叢林中人人鉗口禁舌，「釋迦掩室，淨名杜口。」〔註99〕但其實自六祖惠能始，就從未完全斷絕過言語、文字在禪法教育中的左右。惠能曾說，「一切經書，因人說有，緣在人中有愚有智。」人的根性有別，智慧之人，可以不假文字、言說而頓悟；愚鈍之人，則應學習經典文字，藉教悟宗。在中晚唐時期，禪林陷入一種對言說、經典的無原則否定狀態，但仍有禪師不徹底反對讀經，如百丈懷海即說，「夫讀書看經，語言皆須宛轉歸就自己。但是一切言教，祇明如今鑒覺自性。」〔註100〕只要無礙於自性的清淨獨立，言說、文字皆不是障礙。再如藥山惟儼平時不許學人看經，但自己卻看經，因此被學人質問。藥山惟儼以「只圖遮眼」〔註101〕回答之，可見文字只是一種向上的參證途徑而非眞諦本身。到五代法眼延壽則主張「言爲入道之階梯」，教禪一致，但這多少偏離了「不立文字」的非思議原則。到北宋中期，有禪師提出教禪一致，言語、文字本身就是禪。力倡這一觀點的，要首推臨濟宗黃龍禪系的慧洪。他說，「心之妙不可以語言傳，而可以語言見。蓋語言者，心之緣，道之標幟也。標幟審則心契，故學者每以語言爲得道深淺之候。」〔註102〕言語、文字皆是「第一義」的呈現，其關係如眞可在《石門文字禪・序》中的譬喻，「蓋禪如春也，文字則花也。春在於花，全花是春；花在於春，全春是花。而曰：禪與文字，有二乎哉？故德山、臨濟，棒喝交馳，未嘗非文字也；清涼、天台，疏經造論，未嘗非禪也。」〔註103〕這種將文字、言語與宗門內的非言語行為並列，作爲參悟「第一義」觀照對象的立場，並不等同於從言語、文字上進行簡單的倣仿與模擬，甚至研讀。因此，大慧宗杲才會怒劈其師圓悟克勤《碧巖錄》

〔註99〕〔南唐〕靜、筠二禪師編撰《祖堂集》卷，孫昌武等點校，北京：中華書局 2007 年，第 396 頁。

〔註100〕〔宋〕普濟《五燈會元》卷三，蘇淵雷點校，北京：中華書局 1984 年，第 135 頁。

〔註101〕〔宋〕普濟《五燈會元》卷五，蘇淵雷點校，北京：中華書局 1984 年，第 260 頁。

〔註102〕《題讓和尚傳》，《石門文字禪》卷二五，第 11 頁，四部叢刊影印本。

〔註103〕眞可《紫柏老人集》卷十四，錢塘許靈虛重刊本，1910 年，第 2 頁。

的刻印木版，正是要阻止眾人沉溺言論、文字，忘記超越的行爲，從而觀照「第一義」的眞如。他認爲「欲識大道眞體，不離聲色言語」，〔註104〕讀書也可以修行，因此主張「看話頭」。大慧宗杲並不主張將言論、文字當作「有意語」，否則會墮入名相概念的泥淖。雖然不棄言語、文字，但是「此事決定不在言語上」。「話頭」參究的過程，其實是解構語言的過程，是「一個非理性的直覺體悟過程，也是一個解構語言的過程，表現出強烈的非理性主義與語言解構主義的特徵」〔註105〕

嚴羽在提出「非關書」、「非關理」的同時，主張「多讀書」、「多窮理」，否則難以達到「入神」的「極致」，其理路與宗杲的看話禪保持著一致。其強調「多讀書」、「多窮理」，並非主張機械模擬前代「第一義」之詩的言辭用語、或堆砌典故，或爲追溯意理，在詩中頻發議論。讀書或窮理，並非以言語文字、邏輯思辨實現對「第一義」的追溯，而是要求解構語言，摒棄思維。嚴羽將之形容爲「熟參」，他說：

> 工夫須從上做下，不可從下做上。先須熟讀《楚辭》，朝夕諷詠以爲之本；及讀《古詩十九首》，樂府四篇，李陵、蘇武、漢魏五言皆須熟讀。即以李、杜二集，枕藉觀之，如今人之治經。然後博取盛唐名家，醞釀心中，久之自然悟入。〔註106〕

再如：

> 天下有可廢之人無可廢之言，詩道如是也。若以爲不然則是見詩之不廣，參詩之不熟耳。試取漢魏之詩而熟參之，次取晉宋之詩而熟參之，次取南北朝之詩而熟參之，次取沈宋王楊盧駱陳拾遺之詩而熟參之，次取開元天寶諸家之詩而熟參之，次獨取李杜二公之詩而熟參之，又盡取晚唐諸家之詩而熟參之，又取本朝蘇黃以下諸家之詩而熟參之，其眞是非自有不能隱者。倘猶於此而無見焉，則是野狐外道蒙蔽其眞識，不可救藥，終不悟也。〔註107〕

〔註104〕《大慧普覺禪師語錄》卷一，《大正藏》第47卷，第812頁上。

〔註105〕方立天《中國佛教哲學要義》，北京：中國人民大學出版社2002年，第1143頁。

〔註106〕〔宋〕嚴羽《滄浪詩話校釋》，郭紹虞校釋，北京：人民文學出版社2005年，第1頁。

〔註107〕〔宋〕嚴羽《滄浪詩話校釋》，郭紹虞校釋，北京：人民文學出版社2005年，第12頁。

禪門集人爲坐禪說法念誦，稱之爲「參」。由於「第一義」非言說、非文字表述、非思維擬議的狀態，這樣的「參」以直覺領悟爲通達途徑。自六祖惠能始，倡導「於自心頓見眞如本性」，禪宗的參悟就帶有直覺超驗的意味。之後經南嶽懷讓、馬祖道一形成洪州宗。下出臨濟、潙仰；經青原行思、石頭希遷而形成石頭宗，下出曹洞、雲門、法眼。在直覺參悟上發展出「觸目是道」、或「即事而眞」，前者以眾生佛性本有爲基礎，後者則以所觸及現實世界皆爲眞如、眞理顯現。概而論之，皆是以非理性、非邏輯的直覺領悟，朝向形而上之「第一義」。大慧宗杲的「看話頭」，正是在認可佛性本然具有的前提下，消解文字符號附帶的指示意義，將之作爲「無意語」解。嚴羽在此雖然提倡「多讀書」、「多窮理」，但其對待詩歌文字的態度與宗杲的「看話禪」一致，即不從意義理解上把握，而是感性地積累，「讀《騷》之久，方識眞味；須歌之抑揚，涕淚滿襟，然後爲識《離騷》」。〔註108〕嚴羽認爲「詩者，吟詠情性也」，而中國古典詩歌具有「緣情」的特質，在言辭、文句之外別有意味，前人多有論及。劉勰在《文心雕龍》中表述爲「文外之重旨」，〔註109〕鍾嶸在《詩品》中提出「文已盡而意有餘」，〔註110〕司空圖在《與李生論詩書》中論及「韻外之致」，〔註111〕皆是此意。嚴羽推崇詩作「羚羊掛角，無跡可求」的渾融圓整審美境界，強調以「妙悟」達詩之「第一義」境界。就詩歌創作而言，這樣的妙悟「根源於人的審美經驗的積累，根源於自覺的審美意識沉澱爲無意識之後再審美場景中的突然蘇醒，滲透著高度的理性內容」，〔註112〕是人智慧的積累。

嚴羽之所以能以參禪理路比附詩境形而上訴求，在於禪與詩都認可直覺感悟是形而上本原第一義追溯的唯一途徑。直覺的感悟，主體藉助在客體形相或意象的顯現，「不假思索，不生分別，不審意義，不立名言」，〔註113〕喚

〔註108〕〔宋〕嚴羽《滄浪詩話校釋》，郭紹虞校釋，北京：人民文學出版社 2005 年，第 184 頁。

〔註109〕劉勰《文心雕龍》，范文瀾注，北京：人民文學出版社 2006 年，第 632 頁。

〔註110〕鍾嶸《詩品》，陳延傑注，北京：人民文學出版社 1961 年，第 2 頁。

〔註111〕司空圖《與李生論詩書》，見郭紹虞主編《中國歷代文論選》（第 2 冊），上海：上海古籍出版社 2001 年，第 196 頁。

〔註112〕曾耀農《論審美心理過程及其特點》，見《湖南教育學院學報》1999 年第 3 期，第 7 頁。

〔註113〕〔意〕克羅齊《美學原理》，朱光潛譯，上海：上海人民出版社 2007 年，第 164 頁。

起主客體之間的互動。這種直覺的形而上追溯手段，激發的是不可名狀的審美體驗。對此嚴羽強調到，「雖學之不至，亦不失正路。此乃是從頂上做來，謂之向上一路，謂之直截根源，謂之頓門，謂之單刀直入也。」〔註114〕其直觀審美的方法，對詩歌創作具有發人深省的指導意義。「以禪論詩，就以前的詩壇來講，也有相當的長處。蓋一般人只知求詩於詩內，不是論其內容，以道德繩詩，便是論其辭句，以規律衡詩。惟以禪論詩則可以超於跡象，無事拘泥，不即不離，不黏不離，以導人啓悟。」〔註115〕

從另一個角度來說，「妙悟」以「識」爲前提，而「識」的形成需要積累。臨濟宗祖師義玄就認爲不棄日常禪修，方能達成頓悟。大慧宗杲也有相似態度，他提倡日用中修行，要「時時向行住坐臥處看，讀書史處，修仁義禮智信處，侍奉尊長處，提誨學者處，吃粥吃飯處，與之廝崖」，這樣的漸修甚至包括他所抨擊的「默照禪」的禪坐修行法。就對於詩歌創作而言，一味講「妙悟」，「氣象」遠遠不夠。錢鍾書先生對此表述爲，「故無神韻，非好詩；而只講有神韻，恐並不能成詩。」〔註116〕嚴羽在《滄浪詩話》中承認「悟」有層次之分，其「妙悟」說也體現出禪宗漸修與頓悟的理路。其曰：

> 惟悟乃爲當行，乃爲本色。然悟有淺深、有分限、有透徹之悟，有但得一知半解之悟。〔註117〕

張毅在《論「妙悟」》一文中說，「總而言之，嚴羽的『妙悟』理論有兩方面的內容，一方面是指學習欣賞詩歌而言，著重於對詩歌『興趣』和『妙處』的把握，這需要找前人的優秀作品來反覆吟詠，靠的是『漸修』。另一方面是指詩歌的創造而言。只要『漸修』到了家，那麼就可以在對自然和社會的直觀中頓悟，產生創造靈感。這才是眞正的『妙悟』。」〔註118〕嚴羽提倡以直覺領悟的方式積累經典，「博取盛唐名家，醞釀心中，久之自然悟入。」其內在理路既有禪宗漸修與頓悟的等次趨近，也有宗門解構語言、文字，故而「不離文字」同時也「不立文字」的意旨。

〔註114〕〔宋〕嚴羽《滄浪詩話校釋》，郭紹虞校釋，北京：人民文學出版社 2005 年，第 1 頁。

〔註115〕郭紹虞《中國文學批評史》，天津：百花文藝出版社 1999 年，第 64 頁。

〔註116〕錢鍾書，《談藝錄》（補訂本），北京：中華書局 1984 年，第 40 頁。

〔註117〕〔宋〕嚴羽《滄浪詩話校釋》，郭紹虞校釋，北京：人民文學出版社 2005 年，第 12 頁。

〔註118〕張毅《論「妙悟」》，《文藝理論研究》1984 年第 4 期，第 89 頁。

六、通向詩「第一義」之正途——「妙悟」

通達形而上本體「第一義」，常規的見聞覺知、邏輯思辨都是行不通的。唯一的途徑只能是直觀體悟，大慧宗杲對此描述爲：

> 若論第一義，五目莫覩二聽難聞。要得諦當分明，當須直截自觀。作是觀者名爲正觀，若他觀者名爲邪觀。〔註119〕

視覺與聽覺是人對表象世界認知的兩大主要來源，獲取的信息經由思維，在符號與屬性概念之間架構聯繫，形成主體認知系統。形而上的「第一義」不在經驗世界與名相概念表述範疇之內，屬於超驗的存在，只能依靠直覺把握，因此宗杲提出要「直截自觀」。他的觀念符合宋代臨濟宗的主流思想，因爲無論是黃龍慧南或是楊歧方會法系，皆「從講哲理走向講機鋒，從直截清晰走向神秘主義傾向。思維方式上主張非分析性，語言表達上趨向非邏輯性，用一種主觀心性之學闡述佛學精義」，〔註120〕這種思維方式就是「悟」。大慧宗杲提倡「直截自觀」即是「悟」，他認爲這是達到「第一義」的終極手段，「世間工巧技藝，若無悟處，尚不得其妙，況欲脫生死？」〔註121〕他還說，「往往士大夫，爲聰明利根所使者，多是厭惡鬧處。乍被邪師輩指令靜坐，卻見省力，便以爲是。更不求妙悟，只以默然爲極則。」〔註122〕此處宗杲批評的是當時在士大夫階層影響巨大、以曹洞宗傳人宏智正覺爲首的「默照禪」。南禪奉惠能爲正宗的一系，基本承襲永嘉玄覺「行亦禪，坐亦禪，語默動靜體安然」〔註123〕的主張，力圖打破傳統坐禪模式，過激者甚至要求徹底摒棄坐禪。「但就禪宗的多數派言，坐禪依然占重要地位。」〔註124〕宏智正覺提倡「坐忘是非，默見離微」，從而達到內無思維活動的「心寂」狀態，窺見「本眞」。但在宗杲看來，行「默照禪」只能導致人「轉加迷悶，無有了期」。要參悟「第一義」，必須經由「悟」門，「世間文章技藝，尚要悟門，然後得其精妙，況出世間法？」〔註125〕

嚴羽「以禪喻詩」的思維理路主要源自臨濟禪法，其參透詩歌「第一義」

〔註119〕《大慧普覺禪師語錄》卷六，《大正藏》第 47 卷，第 833 頁中。
〔註120〕周裕鍇《中國的禪宗與詩歌》，上海：上海人民出版社 1992 年，第 21 頁。
〔註121〕《大慧普覺禪師語錄》卷三十，《大正藏》第 47 卷，第 941 頁中。
〔註122〕《大慧普覺禪師語錄》卷二六，《大正藏》第 47 卷，第 922 頁下。
〔註123〕《永嘉證道歌》卷一，《大正藏》第 48 卷，第 395 頁上。
〔註124〕杜繼文、魏道儒《中國禪宗通史》，南京：江蘇人民出版社 2007 年，第 468 頁。
〔註125〕《大慧普覺禪師語錄》卷十八，《大正藏》第 47 卷，第 887 頁中。

的手段，正是「妙悟」：

> 大抵禪道惟在妙悟，詩道亦在妙悟，且孟襄陽學力下韓退之遠
> 甚、而其詩獨出退之之上者，一味妙悟而已。惟悟乃爲當行，乃爲
> 本色。〔註 126〕

錢鍾書曾指出，「夫『悟』而曰『妙』，未必一蹴即至也；乃博采而有所通，力索而有所入。學道學詩，非悟不進。」〔註 127〕以郭紹虞爲代表的學者，將「悟」歸爲形象思維，認爲「滄浪論詩，本受時風影響，偏於藝術性而忽於思想性，故約略體會到形象思維和邏輯思維的分別，但沒有恰當的名詞可以指出這分別，所以只好歸之於妙悟。」〔註 128〕其實，經由唐宋禪宗的發展，「悟」這一範疇本身就蘊含著豐富意旨。其代表的是一種出於主體感受，以非邏輯、非思辨爲特徵的，從直觀體悟入手的形而上追溯方法。其意旨與西方文論中的形象思維有重合之處，具備美學價值。皮朝綱就曾論述到，「嚴羽所說的「妙悟」就是我們通常所說的審美直覺、靈感，這就是在審美活動中，對審美對象的審美特徵的把握所引起的美感，有時是在刹那間有著似乎未經過個人的理智活動的直覺特徵，而美感也經常是在一種直覺的形式中呈現出來的。」〔註 129〕

「第一義」詩之所以必須以直覺「妙悟」方可參詳，從而達到「氣象」、「興趣」等境界，在於「第一義」之詩皆是「緣情」之作，是一種直覺、非理性經驗的表達。嚴羽對此說到，「唐人好詩，多是征戍、遷謫、行旅、離別之作，往往能感動激發人心。」〔註 130〕而王安石擬《胡笳十八拍》之所以「如蔡文姬肺肝間流出」〔註 131〕，乃是因爲其創作過程中代入了主體情感。「緣情」是一種發自主體內在精神的直覺式、感髮式的體悟，是一種形象的思維方式，與「第一義」不可言語、文字、思維追溯的狀況契合。之所以提出「第一義」

〔註 126〕〔宋〕嚴羽《滄浪詩話校釋》，郭紹虞校釋，北京：人民文學出版社 2005 年，第 12 頁。

〔註 127〕錢鍾書《談藝錄》（補訂本），北京：中華書局 1984 年，第 98 頁。

〔註 128〕〔宋〕嚴羽《滄浪詩話校釋》，郭紹虞校釋，北京：人民文學出版社 2005 年，第 22 頁。

〔註 129〕皮朝綱《嚴羽審美理論三題》，《四川師院學報》1981 年第 4 期，第 54 頁。

〔註 130〕〔宋〕嚴羽《滄浪詩話校釋》，郭紹虞校釋，北京：人民文學出版社 2005 年，第 198 頁。

〔註 131〕〔宋〕嚴羽《滄浪詩話校釋》，郭紹虞校釋，北京：人民文學出版社 2005 年，第 189 頁。

之詩即「緣情」之詩，正是嚴羽對宋詩缺乏情韻的批評。宋人之詩，意圖在
唐人之詩外開拓新的美學境界。但唐人之詩基本上將所有的題材予以表述，
宋人只能參照唐詩，在思想深度上挖掘；而宋代三教合一的文化思潮。令宋
人表現出勇於承擔社會責任與追求自由個性的時代個性，且敢於在詩作中表
達自我識見、頻發議論；而宋代由於印刷術等技術的興起，令文化知識傳播
更為容易。相對前人，宋人在知識佔有量上具有絕對優勢，樂於在詩作中表
現自己的廣聞博見。因此，「唐詩的豐腴變成了宋詩的瘦勁，唐詩的蘊藉變成
了宋詩的深刻，唐詩的通脫變成了宋詩的曲折。大抵唐人的詩重在情韻，而
宋詩更費功力，顯得精深。」〔註132〕宋詩其高者，如蘇軾、黃庭堅之輩，詩
歌中皆表現出一種沉靜多智、言妙精深的特徵；其下者，則表現出淺露俚俗、
好發議論等弊端。陳子龍與人論詩云：「宋人不知詩而強作詩，其為詩也，言
理而不言情，終宋之世無詩。」〔註133〕對此嚴羽也有相同觀點，他說：

> 詩有詞、理、意興。南朝人尚詞而病於理，本朝人尚理而病於
> 意興，唐人尚意興而理在其中，漢魏之詩詞理意興無跡可求。漢魏
> 古詩氣象混沌難以句摘。〔註134〕

嚴羽歸納出詩歌的三個層次，即：詞、理、意興。「詞」即詩作的文辭，相當
於禪宗討論「第一義」時反對的言語、文字；「理」即詩作中的主體觀點，相
當於禪宗討論「第一義」時反對的邏輯思辨；「意興」，等同於「氣象」、「興
趣」，皆指向那渾融圓整、無跡可求的「第一義」。真正的「第一義」之詩，
應該是「言有盡而意無窮」，具備「一唱三歎之音」。那不可言說的無窮之「意
興」，正是詩形而上的本體「第一義」。其實嚴羽並不反對詩作之中出現優美
文辭與深邃義理，如他認為唐人之詩「尚意興」的同時而「理在其中」，或「然
非多讀書、多窮理，則不能極其至。」但詩作不能僅僅停留在對文辭的追求
與義理的討論之上。嚴羽批評「以文字為詩、以才學為詩、以議論為詩」傾
向。而以蘇軾、黃庭堅以及江西詩派為代表的宋人，好買弄知識、好發議論、
追求「無一字無來處」，其實背離了「第一義」的正確參悟途徑。

　　嚴羽在此使用「妙悟」這一範疇，要求「謂之向上一路，謂之直截根源，

〔註132〕章培恒《中國文學史》（中冊），上海：復旦大學出版社1996年，第300頁。
〔註133〕〔明〕陳子龍《王介人詩餘序》，見陳子龍《安雅堂稿》，遼寧教育出版社2003
　　　　年，第48頁。
〔註134〕〔宋〕嚴羽《滄浪詩話校釋》，郭紹虞校釋，北京：人民文學出版社2005年，
　　　　第148～151頁。

謂之頓門，謂之單刀直入也」，基本的出發點是其以禪宗理路作為論詩的內在線索與自我要求，所針對的問題正是宋詩因過多議論、用典而失去詩境的渾融之美。潘德輿對此評述到，「訾滄浪者謂其專以妙悟言詩，非溫柔敦厚之本，是又不知宋人率以議論為詩，故滄浪拈此救之，非得已也。」〔註135〕嚴羽「妙悟」參詩，不僅傚仿禪宗理路，以之為悟入詩本體第一義的手段，即「將之作為創作和欣賞的手段」；而且擴大其內涵，將之「用作批評的標準」。〔註136〕郭紹虞曾提出「妙悟」有「第一義之悟」與「透徹之悟」，前者「以漢魏晉盛唐為師，反對蘇、黃詩風」，後者「重在透徹玲瓏不可湊泊，於是反對蘇、黃之餘，亦批判永嘉四靈」。〔註137〕在「直觀審美」這一層面，藝術與宗教發生了共鳴。對嚴羽提倡「妙悟」論詩對後代文藝美學的開創意義，錢鍾書認為，「滄浪別開生面，如驪珠之先探，等犀角之獨覺，在學詩時工夫之外，另拈出成詩後之境界，妙悟而外，尚有神韻。不僅以學詩之事，比諸學禪之事，並以詩成有神，言盡而味無窮之妙，比於禪理之超絕語言文字。」〔註138〕這正好揭示了嚴羽在《滄浪詩話》中詩學思想的非言語理路。

〔註135〕潘德輿《養一齋詩話》卷一，見郭紹虞主編《清詩話續編》，上海：上海古籍出版社 1999 年，2010 頁。

〔註136〕《朱自清古典文學論文集》上冊，上海：上海古籍出版社 1981 年，第 127 頁～第 133 頁。

〔註137〕郭紹虞主編《中國歷代文論選》（第 2 冊），上海：上海古籍出版社 1999 年，第 429 頁。

〔註138〕錢鍾書《談藝錄》（修訂本），北京：中華書局 1984 年，第 258 頁。